Stundenblätter
Napoleon
Reformen in Deutschland
Wiener Kongreß

Heimo Schulreich

Stundenblätter
Napoleon
Reformen in Deutschland
Wiener Kongreß

Sekundarstufe I

Beilagen:
22 Seiten Stundenblätter
+ 10 Arbeitsblätter zum Kopieren

Ernst Klett Verlag für Wissen und Bildung
Stuttgart · Dresden

Die Stundenblätter Geschichte/Gemeinschaftskunde
werden herausgegeben von
Gerhart Maier und Hans Georg Müller

Die Deutsche Bibliothek – CIP-Einheitsaufnahme

Schulreich, Heimo:
Stundenblätter Napoleon, Reformen in Deutschland, Wiener Kongreß:
Sekundarstufe I / Heimo Schulreich. –
2. Aufl. – Stuttgart; Dresden: Klett, Verlag für Wissen und Bildung, 1992
(Stundenblätter Geschichte, Gemeinschaftskunde)
ISBN 3-12-927772-2

Gedruckt auf Recyclingpapier, hergestellt aus 100% Altpapier

2. Auflage 1992

Satz: G. Müller, Heilbronn; W. Röck, Weinsberg
Druck: W. Röck, Weinsberg
Einbandgestaltung: Zembsch' Werkstatt, München
ISBN 3-12-927772-2

Inhalt

Teil 2:

Reformen

Teil 3:

Wiener Kongreß

I Fachwissenschaftliche Aspekte des Themas

„Am Anfang war Napoleon."[1]

Mit diesen, den ersten Vers des Johannesevangeliums assoziierenden Worten, beginnt eine umfangreiche Gesamtdarstellung der deutschen Geschichte des 19. Jahrhunderts vor der Reichsgründung, die in den letzten Jahren erschienen ist. Der französische Diktator und Kaiser wird, gleichsam als Schöpfergott, zum Begründer des modernen Deutschland erklärt: „Er war zum eigentlichen Lenker der deutschen Dinge geworden."[2] Er habe die Auflösung des Alten Reiches bewirkt. Er sei der eigentliche Schöpfer der neuen lebensfähigen, geschlossenen Mittelstaaten. Er habe die großen Reformen geprägt. Die Modernisierungen hätten letztlich nur dem Ziel der besseren Ausbeutung und Unterdrückung der beherrschten Gebiete gedient. Er habe die Neuordnung des kontinentalen Europas durchgesetzt – zur Realisierung *seiner* Interessen.

Wer nun aber – im Gegensatz zu Nipperdey – zu der Position neigt, daß Napoleon nur noch den Anstoß zu einem Umbruch gab, der sich auch in Deutschland durch den Wandel der Strukturen, durch Modernisierung von Gesellschaft und Wirtschaft, seit längerem anbahnte, dem attestiert der Münchner Historiker, daß er „ideologisch blind geworden ist gegenüber dem Phänomen der Macht"[3].

In der Tat wird Nipperdeys Verständnis von der Bedeutung der Macht Napoleons für den Umbruch nicht überall geteilt. Ihm wird häufig entgegengehalten, daß man die Vorgänge in Deutschland als Bestandteil eines gesamteuropäischen Transformationsprozesses verstehen müsse, in dem die ständisch-agrarische Gesellschaft Alt-Europas sich zur industriekapitalistischen und liberaldemokratischen gewandelt habe[4]. Es wird darauf hingewiesen, daß man von „einem überwiegend gleichartigen Prozeß europäischer Reichweite zu sprechen"[5] habe, und davon, daß „es keinen Grund (gibt), Deutschland hiervon auszunehmen"[6]. Die Bedeutung Napoleons für die Gestaltung des modernen Deutschland wird also erheblich relativiert.

Konsens besteht aber darin, daß sich die Transformation von gesellschaftlicher und politischer Ordnung in dem Jahrzehnt nach dem Frieden von Lunéville (1801) rechts des Rheins dramatisch beschleunigte. Die meisten der 314 Territorialherren und rund 1400 Reichsritter gingen ihrer Herrschaftsrechte verlustig. Die Staatsverwaltungen wurden zentralisiert. Heeresverfassungen, Bildungsinstitutionen, das Rechtswesen, die Landwirtschaft, die gewerbliche Produktion und der Handel hatten tiefe Eingriffe hinzunehmen. Den Protest der um ihre überkommenen Privilegien Kämpfenden suchten die regierenden Bürokraten zu unterdrücken. Ihr Ziel war die Überwindung der ständischen Strukturen. Der als bedrohlich empfundene Vorsprung Westeuropas, hervorgerufen durch die technisch-industrielle Revolution Englands und die politisch-soziale Frankreichs, sollte minimiert werden.

---

[1] Nipperdey, Deutsche Geschichte, S. 11
[2] a.a.O., S. 12
[3] a.a.O., S. 11
[4] Fehrenbach, Vom Ancien Régime, S. 136
[5] Schulze, Nationalstaat, S. 57
[6] a.a.O.

Die Bewertung der initiierten Reformen hat in der Forschung zu einer langen Diskussion geführt. Treitschkes Urteil von 1879, daß die preußischen Reformen ihren Ursprung nicht in der Französischen Revolution und im Einfluß Napoleons, sondern in der Politik Friedrichs II. hatten, wirkte bis in die Zeit nach dem Zweiten Weltkrieg. Die Reformen im Rheinbund wurden von ihm, weil angeblich für das kleindeutsche Reich nicht bedeutsam, wenig beachtet.
Erst Mitte der sechziger Jahre änderte sich diese Betrachtungsweise grundlegend. Preußen, der Bezugspunkt Treitschkes, existierte nicht mehr. Die Länder im Süden der neu geschaffenen Bundesrepublik, Bayern, Württemberg und Baden, waren unbestreitbar Produkte der napoleonisch-rheinbündischen Ära. Sie hatten in jener Zeit nicht nur ihre territoriale Gestalt erhalten, sondern auch bedeutsame Veränderungen auf allen Gebieten des gesellschaftlichen und wirtschaftlichen Lebens erfahren. Die Forschung wandte sich zunehmend der Geschichte der Rheinbundstaaten zu und betonte nunmehr „die gleichrangige Bedeutung des politisch-gesellschaftlichen Umbruchs in Reformpreußen wie in den Rheinbundstaaten“[7]. In einer Reihe von Studien[8] versuchte sie, das Zusammenwirken von spätabsolutistischen Zielsetzungen und durch napoleonischen Druck erfolgten Maßnahmen zu beschreiben. Übereinstimmung besteht darin, daß der Einfluß der Französischen Revolution auf die Reformer in Preußen und im Rheinbund von der älteren Forschung zu gering angesetzt worden sei.

[7] Fehrenbach, a.a.O., S. 175
[8] u. a. Berding, Napoleonische Herrschafts- und Gesellschaftspolitik; Fehrenbach, Traditionale Gesellschaft

II Anmerkungen zur Didaktik

Für die Zeitspanne vom Frieden von Lunéville (1801) bis zum Wiener Kongreß kann in den Stoffverteilungsplänen der Sekundarstufe 1 in aller Regel nur eine Unterrichtseinheit von maximal zehn bis zwölf Stunden angesetzt werden. Eine starke Reduktion der Stoffvielfalt ist unumgänglich. Daher wird hier eine Schwerpunktbildung in folgenden Erkenntnisfeldern vorgeschlagen:

- europäisches Staatensystem (Friedenssicherung auf dem Kontinent durch eine hegemoniale Struktur oder durch das Gleichgewichtssystem?)
- Transformation der überkommenen sozioökonomischen Verhältnisse (Ziele der Reformer? Reaktion der sozialen Gruppen? Ergebnisse der Modernisierungspolitik?)
- Transformation der politischen Ordnung (Selbstverständnis der nichtadeligen Gruppen? Verhältnis zum politischen Entscheidungsprozeß?)
- Bedeutung der „großen Persönlichkeit“ in der geschichtlichen Entwicklung (Napoleon – ein Lenker der europäischen Geschicke?)

Der oben genannte gesamteuropäische Blickpunkt ermöglicht die Vermittlung der Erkenntnis, daß trotz Konflikten und machtpolitischen Gegensätzen die europäischen Staaten auch schon zu Beginn des 19. Jahrhunderts nicht unverbunden nebeneinander standen, sondern politisch Teil eines Systems waren, das permanentes Zusammenwirken erzwang. Gleichzeitig werden die prinzipiellen Grenzen einsehbar, die einer europäischen Kooperation damals gesetzt waren. Es wird deutlich, weshalb ein Fortschreiten von Kooperation zu Integration nicht intendiert wurde. Die Produktivität dieser Perspektive für die Problematik der

gegenwärtigen Einigungsbestrebungen ist offensichtlich. Interessierte Schüler werden dies zu nutzen wissen.
Durch die Transformation der ökonomischen und sozialen Verhältnisse wurden im stagnierenden Mitteleuropa jene Rahmenbedingungen geschaffen, die in den nachfolgenden Jahrzehnten eine rasche Industrialisierung ermöglichten. Kenntnisse der Ziele, Durchführung und Folgen von Agrar- und Gewerbereformen sind für das Verständnis dieses tiefreichenden Einschnittes unverzichtbar.

Politisch wandelten sich weite Teile des deutschen Bildungsbürgertums in den Jahren der französischen Vorherrschaft von räsonierenden Untertanen zu fordernden Staatsbürgern. Fremdherrschaft rief den (anfänglich nur bürgerlichen) Nationalismus hervor, der in immer stärkerem Ausmaß das politische Denken beherrschte. Die Schüler können erkennen, daß dieser frühe Nationalismus progressiv war: er forderte politische Mitbestimmung der (bürgerlichen) Staatsangehörigen. Und er forderte und erzwang die Lösung der „deutschen Frage“: die Schaffung des, allerdings nur kleindeutschen, Kaiserreiches in der zweiten Hälfte des Jahrhunderts.

Die geschichtsphilosophische Fragestellung nach der Relevanz des „großen Mannes“ kann bei Behandlung dieses Zeitabschnittes nicht ignoriert werden. Ein Unterricht jedoch, der vorrangig personalisierend angelegt ist, verfehlt seine Aufgabe. Er wirkt der Bereitschaft entgegen, eigenes politisches Engagement als nützlich und sinnvoll zu sehen. Denn Verehrung der „großen Persönlichkeit“ hat konsequenterweise Passivität und Unterwürfigkeit zur Folge.

Für die unterrichtliche Darstellung Napoleons ergibt sich hieraus, daß die Strukturen, in denen er eingebunden war, herausgearbeitet werden müssen, damit deutlich wird, vor welchen Optionen er stand und welche Interessen seine Entscheidungen präformierten.

III Anmerkungen zum Lehr- und Lernverfahren

Die Betrachtung sowohl aus nationalgeschichtlicher Perspektive als auch aus gesamteuropäischer, der Vergleich von überwundenen und auch von neu entstehenden Strukturen, stellt nicht geringe Ansprüche an Schüler dieser Jahrgangsstufe. Die Hilfestellung des Lehrers besteht hier zunächst im Bereitstellen von motivierenden, das Problembewußtsein provozierenden Materialien. Als besonders geeignet erscheinen die Karikaturen aus der „Franzosenzeit", politische Gedichte und Berichte von Augenzeugen aus einem Milieu, mit dem sich die Schüler identifizieren können. Des weiteren besteht diese Hilfestellung in der Weitergabe von Information (= Phasen des Lehrervortrags, der Geschichtserzählung) und in der Präsentation genau formulierter Arbeitsaufträge. Die nachfolgend vorgeschlagenen Arbeitsaufträge sollen in der Regel in Unterrichtsgespräche einmünden, in denen die Ergebnisse verglichen werden. Dabei ist des öfteren die Erkenntnis angestrebt, daß unterschiedliche Lösungen „richtig" sein können; die Schüler sollen sich in offener Diskussion zu einer Bewertung der Arbeitsergebnisse, zu einer Plausibilitätsabschätzung aufgefordert fühlen. Es sollte hierbei aber nicht erwartet werden, daß die für den Arbeitsunterricht vorgelegten Quellen[9] von den Schülern voll ausgeschöpft werden. Dies würde sie, bei dem erreichten Stand historischen Wissens, überfordern.

Ein weiterer Schritt hin zum kritischen Umgang mit Texten ist die Auswertung des Vergleichs zweier kontroverser wissenschaftlicher Darstellungen. Dabei sollen die Schüler erkennen, daß sich in jedem historischen Urteil die Standortgebundenheit des Autors auswirkt.

Zur Fortsetzung des Unterrichts kann folgendes Heft der Reihe Stundenblätter Geschichte/Gemeinschaftskunde herangezogen werden: Thomas Hagen, Stundenblätter „Die Entwicklung in Deutschland 1815–1850. Restauration – Liberalismus – Revolution, Sekundarstufe I", Stuttgart 1984.

---

[9] Die Quellen sind gekürzt und gelegentlich sprachlich modernisiert.

IV Literatur

Auf das Zitieren von Handbüchern und Fachlexika wurde verzichtet.

1 Bibliographien

E. Fehrenbach, Vom Ancien Régime zum Wiener Kongreß (Oldenbourg, Grundriß der Geschichte 12), München 1981, S. 208–229

T. Nipperdey, Deutsche Geschichte 1800 bis 1866, München 1983, S. 807–815

2 Forschungsstand

P. Burg, Der Wiener Kongreß – Der Deutsche Bund im europäischen Staatensystem, Deutsche Geschichte der neuesten Zeit, München 1984, S. 174–190

E. Fehrenbach, Vom Ancien Régime zum Wiener Kongreß (Oldenbourg, Grundriß der Geschichte 12), München 1981, S. 129–195

W. Hubatsch, Die Stein-Hardenbergschen Reformen, Erträge der Forschung 65, Darmstadt 1977, S. 131–228

H. Schulze, Der Weg zum Nationalstaat – Die deutsche Nationalbewegung vom 18. Jahrhundert bis zur Reichsgründung, München ^{2}1986, S. 172–177

3 Quellen und Quellensammlungen

H. Brandt (Hg.), Restauration und Frühliberalismus 1814–1840, Quellen zum politischen Denken der Deutschen im 19. und 20. Jahrhundert, Bd. 3, Darmstadt 1979

O. Dann (Hg.), Preußen. Entwicklung und Probleme eines modernen Staates, Tempora. Quellen zur Geschichte und Politik, Stuttgart 1983

H. Duchhardt, Quellen zur Verfassungsentwicklung des Heiligen Römischen Reiches deutscher Nation 1495–1806, Texte zur Forschung Bd. 43, Darmstadt 1983

G. Franz, Quellen zur Geschichte des deutschen Bauernstandes in der Neuzeit, Darmstadt 1963

J. Goerres, Politische Schriften der Frühzeit 1795–1800, hg. von M. Braubach, Köln 1928

E. Huber, Dokumente zur deutschen Verfassungsgeschichte, Bd. 1, Stuttgart 1961

F. Jahn, Deutsche Turnkunst zur Einrichtung der Turnplätze, Berlin 1816

F. von der Marwitz, Aus dem Nachlasse, Bd. 1: Lebensbeschreibung, Berlin 1852

W. Lautemann (Bearb.), Amerikanische und Französische Revolution, Geschichte in Quellen, München 1981

Napoleon, Leben von ihm selbst, Stuttgart o. J.

N. N. (= E. M. Arndt), Kriegslieder für Deutsche Soldaten, Berlin 1813

H. Spies (Hg.), Die Erhebung gegen Napoleon: 1806–1814/15, Quellen zum politischen Denken der Deutschen im 19. und 20. Jahrhundert, Bd. 2, Darmstadt 1981

L. von Westphalen, Geschichte des Antisemitismus in Deutschland im 19. und 20. Jahrhundert. Quellen- und Arbeitshefte zur Geschichte und Politik, Stuttgart 1978

Der Wiener Kongreß – 1. September 1814 bis 9. Juni 1815, Ausstellung veranstaltet vom Bundesministerium für Unterricht gemeinsam mit dem Verein der Museumsfreunde, 1. Juni bis 15. Oktober 1965, Schauräume der Hofburg – Kaiserappartements, Wien 1965

4 Fachwissenschaftliche Literatur

P. Alter, Nationalismus, Frankfurt 1985

K. v. Aretin, Vom Deutschen Reich zum Deutschen Bund, Deutsche Geschichte 7, Göttingen 1980

H. Berding, Napoleonische Herrschafts- und Gesellschaftspolitik, Kritische Studien zur Geschichtswissenschaft 7, Göttingen 1973

L. Bergeron u. a., Das Zeitalter der europäischen Revolution 1780–1848, Fischer Weltgeschichte 26, Frankfurt 1969

K. Bergmann, Personalisierung im Geschichtsunterricht – Erziehung zu Demokratie?, Anmerkungen und Argumente 2, Stuttgart 1972

M. Bosch (Hg.), Persönlichkeit und Struktur in der Geschichte, Düsseldorf 1977

C. Dipper, Die Bauernbefreiung in Deutschland 1790–1850, Stuttgart 1980

E. Fehrenbach, Traditionale Gesellschaft und revolutionäres Recht. Die Einführung des Code Napoléon in den Rheinbundstaaten, Göttingen ²1978

P. Gaxotte, Geschichte Deutschlands und der Deutschen, Bd. II, Freiburg 1967

F. Henning, Die Industrialisierung in Deutschland 1800–1914, Paderborn 1973

W. von Hippel. Die Bauernbefreiung im Königreich Württemberg, Boppard 1977

P. Hofstätter, Einführung in die Sozialpsychologie, Stuttgart ⁴1966

A. Kleinschmidt, Geschichte des Königreichs Westfalen, Gotha 1893

R. Koselleck, Preußen zwischen Reform und Revolution. Allgemeines Landrecht, Verwaltung und soziale Bewegung von 1791 bis 1848, Stuttgart ³1981

R. Kühnl (Hg.), Geschichte und Ideologie – Kritische Analyse bundesdeutscher Geschichtsbücher, Reinbek 1973

M. Kutz, Deutschlands Außenhandel von der Französischen Revolution bis zur Gründung des Zollvereins, Vierteljahresschrift für Wirtschafts- und Sozialgeschichte, Beiheft 61, 1974

F. Mehring, 1813 bis 1819 – von Kalisch nach Karlsbad, Stuttgart 1913

ders., Jena und Tilsit. Ein Kapitel ostelbischer Junkergeschichte, Leipzig 1906

A. Nitschke, Die Bedeutung der historischen Größe. Eine Antwort, in: Geschichte in Wissenschaft und Unterricht 2/1980, S. 77–85

P. Noack, Internationale Politik, München ⁴1977

G. Pertz, Das Leben des Feldmarschalls Grafen Neithardt von Gneisenau, Bd. 1–5, Berlin 1864–1880

M. Riegel, Der Buchhändler Johann Philipp Palm, Hamburg 1938

P. Sauer, Der schwäbische Zar. Friedrich – Württembergs erster König, Stuttgart 1984

K. Schäfer, E. M. Arndt als politischer Publizist, Bonn 1974

H. Scheel (Hg.), Preußische Reformen – Wirkungen und Grenzen. Aus Anlaß des 150. Todestages des Freiherrn vom und zum Stein, Berlin (Ost) 1982

H. Schissler, Preußische Agrargesellschaft im Wandel. Wirtschaftliche, gesellschaftliche und politische Transformationsprozesse von 1763 bis 1847, Kritische Studien zur Geschichtswissenschaft 33, Göttingen 1978

W. Schmidt u. a., Die bürgerliche Umwälzung von 1789 bis 1871, Deutsche Geschichte in zwölf Bänden, Bd. 4, Köln 1984

F. Schnabel, Deutsche Geschichte im 19. Jahrhundert, Bd. 1: Die Grundlagen, Freiburg ⁵1959

H. Sieburg (Hg.), Napoleon und Europa, Neue Wissenschaftliche Bibliothek 44, Köln 1971

R. Stadelmann, Scharnhorst. Schicksal und geistige Welt, Wiesbaden 1952

D. Stegmann u. a. (Hg.), Industrielle Gesellschaft und politisches System, Bonn 1978

H. v. Treitschke, Deutsche Geschichte im 19. Jahrhundert, Berlin o. J.
J. Tulard, Napoleon oder Der Mythos des Retters, Tübingen 1978
B. Vogel, Allgemeine Gewerbefreiheit. Die Reformpolitik des preußischen Staatskanzlers Hardenberg 1810–1850, Kritische Studien zur Geschichtswissenschaft 57, Göttingen 1983
dies., Preußische Reformen 1807–1820, Neue Wissenschaftliche Bibliothek 96, Königstein/Ts. 1980
E. Weis (Hg.), Reformen im rheinbündischen Deutschland. Schriften des Historischen Kollegs 4, München 1983
J. Wilms, Nationalismus ohne Nation. Deutsche Geschichte von 1789 bis 1919, Düsseldorf 1983
E. W. Zeeden, Europa im Umbruch von 1776 bis zum Wiener Kongreß, Stuttgart 1982 (= Studienbuch Geschichte, Heft 7)
J. Ziekursch, Hundert Jahre schlesischer Agrargeschichte, Breslau ²1927

5 Material für die Hand des Schülers

U. Bräker, Der arme Mann im Tockenburg, Stuttgart 1965
W. Danner (Hg.), Quellenlesebuch Bd. 2: Vom Zeitalter der Entdeckungen bis zum Ende des 19. Jahrhunderts, Frankfurt 1980
E. Kleßmann (Hg.), Napoleons Rußlandfeldzug in Augenzeugenberichten, München 1966
ders. (Hg.), Deutschland unter Napoleon in Augenzeugenberichten, Düsseldorf 1965
H. Krieger (Hg.), Die Neuzeit – Materialien für den Geschichtsunterricht, Handbuch des Geschichtsunterrichts Bd. 4, Frankfurt ⁴1978
F. Lynder, Spione in Hamburg und auf Helgoland. Neuentdeckte Geheimdokumente aus der napoleonischen Zeit, Hamburg 1964
J. Pflug, Aus der Räuber- und Franzosenzeit Schwabens. Die Erinnerungen des schwäbischen Malers aus den Jahren 1780–1840, hg. von M. Zengerle, Weißenhorn 1975
H. Spiel (Hg.), Der Wiener Kongreß in Augenzeugenberichten, Düsseldorf 1965
W. Trog, Napoleon und der Aufstand Europas, Bilder aus der Weltgeschichte 10, Frankfurt ⁶1972
W. Trog, Die nationale und die industrielle Revolution, Bilder aus der Weltgeschichte 11, Frankfurt ⁵1971

6 Zitierte Unterrichtswerke

erinnern und urteilen III, Klett (4143)
Fragen an die Geschichte 3, Hirschgraben (5903 u. 595304)
Geschichte 3, Ausgabe C, List/Oldenbourg (41447)
Geschichte 3N, Bayerischer Schulbuch Verlag (61736)
Geschichte und Geschehen 9, Klett (4153)
Geschichtliche Weltkunde 2, Diesterweg (3312)
Grundriß der Geschichte – Dokumente Bd. 2, Klett (4014)
Grundzüge der Geschichte 3, Diesterweg (7943)
Menschen in ihrer Zeit, Bd. 3, Klett (40431)
Spiegel der Zeiten 3, Diesterweg (3323)
Das Werden des nationalen Staates, Klett (4024)
Zeiten und Menschen 3, Schoeningh/Schroedel (34631 u. 34632)
Zeitaufnahme 2, Westermann (11 1046)

V Gliederung der Unterrichtseinheit

	Nationalgeschichtliche Perspektive: antihegemoniale Entwicklungen	Nationalgeschichtliche Perspektive: hegemoniale Einwirkungen	Gesamteuropäische Perspektive
Teil I: Napoleon			1. Stunde: Napoleon
		2. Stunde: Auflösung des Alten Reiches	
		3. Stunde: Rheinbund	
			4. Stunde: kontinentale Hegemonie
			5. Stunde: Wirtschaftskrieg gegen England
Teil II: Reformen		6. Stunde: Königreich Westfalen	
	7. Stunde: Preußische Agrarreformen		
	8. Stunde: Gewerbe- und Heeresreform in Preußen		
Teil III: Wiener Kongreß	9. Stunde: Entstehung des deutschen Nationalismus		
	10. Stunde: Befreiungskriege 1813/14		
			11. Stunde: Wiener Kongreß

VI Beschreibung der Einzelstunden

Teil 1: Napoleon

1. Stunde: Napoleon – ein „Mann, der Geschichte machte"?

Didaktische Vorbemerkung

Mit dem Namen Napoleon ist, seit den Tagen von Thomas Carlyle und Jakob Burckhardt, die geschichtsphilosophische Fragestellung nach der Bedeutung des „großen Mannes" für den Gang der Geschichte verknüpft. Die didaktischen Fragen, die sich aus diesem Themenkomplex ergeben, hat u. a. K. Bergmann[10] zu klären versucht.
Er setzt sich dabei mit jener Art von Geschichtsunterricht auseinander, die das Wirken des großen Mannes betont. Dem Schüler wird – so Bergmann – nahegelegt

- sich mit dem/den Herrschenden zu identifizieren und eine „unreflektierte Untertanengesinnung" zu entwickeln,
- die politischen Entscheidungen der Herrschenden in fatalistischer Resignation über sich ergehen zu lassen,
- „Geschichte und Politik . . . als Feld eines politischen Darwinismus" zu sehen,
- gesellschaftliche Konflikte undifferenziert mit Hilfe „einfachster Ordnungsschemata" zu begreifen.

Mit diesem Geschichtsverständnis wird dem Schüler „der Blick auf gesellschaftliche Funktionszusammenhänge und auf den Selbstlauf vieler gesellschaftlicher und wirtschaftlicher Prozesse"[11] verstellt.

Inwiefern hat sich die Situation des Geschichtsunterrichts seit dem Erscheinen von Bergmanns Abhandlung geändert? Die Frage ist so generell wohl nicht beantwortbar. Es kann vermutet werden, daß – nicht zuletzt wegen der meist personalisierenden Darstellung historischer und politischer Themen in den Massenmedien – nach wie vor eine starke Disponiertheit der Schüler zur personalisierenden Betrachtung, zur Identifikationsbereitschaft und zur Heldenverehrung besteht. Von daher bestimmt sich die Zielsetzung dieser ersten Stunde und, darüber hinaus, der ganzen Unterrichtseinheit. Es soll hier aufgezeigt werden, daß die „große Persönlichkeit" – konkret „Napoléon le Grand" – sich innerhalb vorgefundener Strukturen zu bewegen hatte und nur eine eng begrenzte Anzahl von Handlungsalternativen vor sich sah, also über keinen beliebigen Gestaltungsfreiraum verfügte.
Aber nicht nur die Geschichtsphilosophie und die Geschichtsdidaktik haben zum Verständnis der diskutierten Problematik beigetragen. Wesentlich ist auch der Ansatz der Sozialpsychologie. Sie stellt fest, daß der „große Mann" erst aufgrund der psychischen Bedürfnisse jener, die ihn verehren, zum Mann, der Geschichte macht, hochstilisiert wird. Hofstätter[12] sucht diese Interdependenz mit dem Begriff der „Führer-Sequenz" zu fassen:

---

[10] Bergmann, Personalisierung, 1972
[11] a.a.O., S. 61
[12] P. R. Hofstätter, Einführung in die Sozialpsychologie.

„Diese Sequenz von Hilflosigkeit – Projektion eines Machtwunsches – Unterwerfung – Identifikation und Partizipation an der Macht scheint mir zu den großartigsten Entdeckungen Freuds zu gehören ... Die Sequenz illustriert ... eine Form der Nachfrage, der das Angebot des Führers die Waage halten muß. Bei näherem Zusehen stellt sich heraus, daß diese Nachfrage zwei dialektische Momente enthält:

1. Die Person, auf die man projiziert, muß in gewissem Sinne anders beschaffen sein als die übrigen Angehörigen der Gruppe.
2. Die Person, mit der man sich identifiziert, muß dem allgemeinen Typus der Gruppenangehörigen möglichst gleichartig sein.

Hier klafft ein ernsthafter Zwiespalt.“[13]

Der Lehrer sollte diesen Ansatz deutlich sehen. Allerdings wird man ihn in dieser Unterrichtseinheit nicht thematisieren können, und zwar deswegen nicht, weil für die notwendigen Vergleiche – z. B. mit Stalin, Hitler oder Mao – die Kenntnisse fehlen.

Lernziele

Die Schüler erkennen

- anhand biographischer Angaben, daß Bonaparte ein Außenseiter in der französischen Gesellschaft war,
- daß sein sozialer Aufstieg erst durch den Ausbruch der Revolution möglich wurde.

Die Schüler erarbeiten

- daß Napoleon in der zeitgenössischen publizistischen Auseinandersetzung sowohl als großartiger Feldherr und Staatsmann verherrlicht als auch als einer der größten Verbrecher der Geschichte verdammt wurde,
- Ansätze zur Diskussion der Problematik des „großen Mannes“.

Die Schüler beurteilen

- Tendenz und Wirkung unterschiedlicher Aussagen über Napoleon.

Verlaufsskizze

Unterrichtsschritt 1:
Napoleon in der Propaganda seiner Zeit

Die Stunde wird mit einer Stillarbeitsphase eingeleitet.
Dabei werden den Schülern zwei Bilddokumente präsentiert (Episkop):

- die Lithographie „Addition ... Napoléon le Grand“ (enthalten in: „Zeiten und Menschen, Neue Ausgabe B, Bd. 3, S. 41; aber auch in einer älteren Ausgabe mit der Bestellnummer 34631, S. 87)
- das Flugblatt „Stufenleiter der Größe und des Sturzes Napoleons“ (Ebeling/Birkenfeld Bd. 3, S. 90; ferner in: Graßmann, Zeitaufnahme, Bd. 2, S. 90, Abb. 6; vgl. V-Dia, Reihe D 41028, Das Zeitalter Napoleons, Dia 21).

Um die Durchführung des Vergleichs durch die Schüler zeitlich zu raffen, werden folgende Auswertungsfragen gestellt:

- Welche Sachaussagen stecken in den beiden Flugblättern? (Inwiefern entsprechen sich die Aussagen?)
- Für wen waren die Flugblätter vermutlich bestimmt?
- Wer war jeweils der Auftraggeber? Warum? (Welche Absichten hatte der Künstler?)
- Welche Wirkungen hatten diese Blätter vermutlich? (Welche Meinung über Napoleon sollte bei den Betrachtern hervorgerufen werden?)

---

[13] a.a.O., S. 351–358

Um die Interpretation zu erleichtern, sollten zunächst etwaige Wissenslücken der Schüler aufgefüllt werden. Folgendes Faktenwissen zu Bild I („Addition ...") muß präsent sein:

- Lykurg, um 800 v. Chr., wurde als Schöpfer der Ordnung Spartas (franz.: Lacédémonne) angesehen; das Leben der Vollbürger dieser Polis war ganz dem Kriegswesen gewidmet.

- Cyrus (= Kyros II.), um 550 v. Chr., durch die Eroberung Babyloniens und des Lyderreiches Begründer des persischen Großreiches.

- Alexander d. Große, um 330 v. Chr., König von Makedonien, eroberte das Perserreich, das damals von der Ägäis und Ägypten bis zum Indus reichte.

- Hannibal, um 200 v. Chr. Heerführer aus Karthago, fiel in Italien ein und versuchte vergebens, die Herrschaft Roms über die Apenninenhalbinsel zu zerschlagen.

- Cäsar, römischer Politiker und Feldherr, eroberte Gallien und errichtete eine Militärdiktatur im Römischen Reich; an den Iden des März 44 v. Chr. ermordet.

- Karl d. Große (franz.: Charlemagne), Herrscher über das Reich der Franken (franz.: France), unterwarf die Langobarden und Sachsen; ließ sich am Weihnachtsfest des Jahres 800 n. Chr. vom Papst zum Kaiser krönen.

Nach der Stillarbeitsphase werden dann die erarbeiteten Antworten verglichen.

Erwartete Interpretationsergebnisse:

- *Sachaussage:* In der ersten Darstellung wird Napoleon nicht nur mit den berühmtesten Eroberern des Altertums verglichen, sondern es wird vielmehr gesagt, daß all ihre Fähigkeiten in seiner Person vereinigt seien. Im zweiten Bild aber wird hervorgehoben, daß dem steilen Aufstieg des Offiziers durch Mißerfolge in Spanien, Rußland und Deutschland ein fast ebenso rascher Abstieg folgte. Er erscheint als ein Mensch, der die günstige Gelegenheit nutzte („Glücksritter"), um sich in eine mächtige Stellung über die Völker Europas aufzuschwingen, dann aber vor dem Zorn dieser Völker von Niederlage zu Niederlage floh und schließlich in den (politischen) Abgrund gestürzt wurde. Auf irgendwelche besonderen Fähigkeiten wird nirgends hingewiesen.

- *Adressaten:* Schon die in den Bildern verwendeten Begriffe und Namen deuten auf die Menschen hin, für die diese Flugblätter bestimmt waren. Die Botschaft des ersten Bildes war an französischsprechende Menschen gerichtet. Von ihnen wurde angenommen, daß sie Namen wie Lykurg und Cyrus kennen, daß sie über eine gewisse historische Bildung verfügen. Es wird ferner vorausgesetzt, daß Kriegswesen, Feldzüge und Eroberungen und der gewaltsame Tod von Zehntausenden von Menschen nicht ihren Abscheu erregen, daß sie vielmehr von den Taten der Feldherrn des Altertums beeindruckt sind, daß sie generell zur Heldenverehrung bereit sind. Anders im zweiten Bild, das sich ja an deutschsprachige Betrachter wendet. Hier wird nicht ein Augenblick, eine Momentaufnahme gezeigt, sondern eine ganze Folge von Ereignissen. Die Laufbahn des Napoleon Bonaparte dient zur Belehrung. Dem Betrachter wird sie als Moritat angeboten: es wird also ein eher einfaches Gemüt angesprochen. Der Hinweis auf die Höllenstrafe (= Variante bei Ebeling/Birkenfeld und Graßmann) setzt den unkompliziert gläubigen Christen voraus.[14]

[14] auch abgedruckt in: Geschichte und Geschehen 9, S. 86

– *Beabsichtigte Wirkung:* Im ersten Bild wird der Betrachter nach Lektüre der „Rechnung“ indirekt aufgefordert, sich sozusagen in die Menschenmenge einzureihen, die im Hintergrund des Bildes den großen Mann bewundert und verehrt, der seinerseits gerade einen mit Lorbeerkränzen geschmückten Triumphbogen durchreitet. Dem Betrachter wird der Gedanke nahegelegt, daß er in Napoleon einen jener außerordentlichen Menschen zu sehen habe, die in der Geschichte der zurückliegenden Jahrtausende gelegentlich auftauchten, um die Geschicke der Völker in neue Bahnen zu lenken. Die Folgerung wird dabei suggeriert, daß es für ihn, den Betrachter, nicht genüge, Verehrung zu zeigen. Vielmehr müsse man diesem Mächtigen beistehen, um mit ihm den Gang der Ereignisse in die „richtige“ Richtung zu lenken. Dagegen sieht der Betrachter der „Stufen“ nicht einen ruhmreichen Triumphator. Ihm wird vielmehr vermittelt, daß dem hohen Aufstieg der tiefe – und verdiente – Fall folgte: in den Abgrund und in die Hölle (Ebeling/Birkenfeld, Graßmann) bzw. in die Rolle des kläglich Gescheiterten (= V-Dia), der mit der kleinen italienischen Insel Elba zufrieden sein muß. Gott wird – in der Ebeling/Birkenfeld-Version – zum Verbündeten der Sieger über Napoleon. Er verdammte angeblich den Korsen wegen seiner Taten und wegen der Ideen, die er vertrat. Wer, wie Bonaparte, die bestehenden Verhältnisse in Europa umstürzen wollte, war als ein Verblendeter zu sehen, der den Willen Gottes nicht zu erkennen vermochte und wider ihn handelte. Dieser Napoleon war ein Opportunist, eine „verkrachte Existenz“, ein Mensch, der sein Seelenheil verspielt hatte.

Das Auswertungsergebnis wird in einem Tafelbild (s. Stundenblatt) zusammengefaßt.

Alternative a:

Sollten die oben genannten Bildquellen nicht zur Verfügung stehen, können der Klasse Textauszüge präsentiert werden. In Arbeitsblatt 1 (s. Beilage) und in dem Gedicht von J. F. Schink (s. Vorschlag für ein Arbeitsblatt, S. 19) werden Beispiele der Bonaparteverherrlichung und -verdammung vorgestellt.
In einer Stillarbeitsphase, die auch arbeitsteilig durchgeführt werden kann, untersuchen die Schüler diese Materialien. Durch Leitfragen wird ihnen der Zugang erleichtert.

Erwartete Untersuchungsergebnisse (zu: Der General und Konsul Bonaparte):
- Es wird behauptet, daß Bonaparte sich in den zurückliegenden fünf Jahren als größter Feldherr aller Zeiten erwiesen habe. Von ihm wird erwartet, daß er im Frieden als Staatsmann in ebensolcher Größe wirken werde.
- Die Tatsache, daß der Autor nicht genannt wird, läßt vermuten, daß hier ein Werk der napoleonischen Propaganda vorliegt.
- Vom Leser wird angenommen, daß er bereit ist, an die Existenz eines alles überragenden Genies zu glauben. Ihm wird unterstellt, daß er sich, nach fast einem Jahrzehnt von Kriegen, nach Frieden sehnt und daß er dazu veranlaßt werden kann, Bonaparte als Helden zu verehren, sich mit ihm als Schöpfer einer großartigen Zukunft zu identifizieren („unser Napoleon“).

Vorschlag für ein Arbeitsblatt
(1. Stunde, Unterrichtsschritt 1, Alternative a)

Gedicht J. F. Schinks vom Oktober 1813*

Dem Korsen. Schand- und Schimpfode

Zur Feier der Vernichtungsschlacht am 18./19. Okt. 1813

Abschaum der Menschheit, der mit Schwert und Feuer
Die Welt durchzog, verbreitend Ach und Weh!
Brandmark der Zeiten, Wütrich, Ungeheuer,
Wie keines war, keins ist, keins sein wird je!

Blutsauger, Völkergeisel, Weltzertreter,
Pest, Räuberhauptmann, Henker und Bandit,
Du menschgewordner Satan, Missetäter,
Wie selbst der Abgrund keinen sah und sieht!
Du, gegen den, seit über Land und Meere
Krieg Leichen türmt, Blut der Erschlagnen rinnt,
Die Tamerlane, Attila, Tibere,
Caligula und Nero – Engel sind!
...
Du, den ich hass – und ewig hassen werde,
Du, mir nur immer ein verworfner Geist,
Ob dich erstaunt der halbe Kreis der Erde
Den größten Helden aller Zeiten preist,

Mir bist du nicht, den dich die Welt bewundert,
Verwüster nur, Zerstörer! Heros nicht!
Der größte Räuber nur, der seit Jahrhundert,
Zum Fluch der Menschheit ausgespien ans Licht.
...

* zit. nach: Spies, Napoleon, S. 326

Fragen:

- Weshalb schrieb Schink dieses Gedicht?
- Aus welchem Bereich stammen die Begriffe, mit denen „der Korse“ bezeichnet wird?
- Weshalb werden in diesem Gedicht Tamerlan, Attila, Tiberius, Caligula und Nero erwähnt?
- Was wollte das Gedicht erreichen?

Vor dem Einstieg in das auswertende Unterrichtsgespräch sollten der Klasse folgende Informationen gegeben werden:
- Im Oktober 1813 wurden die französischen Heere in einer großen Schlacht in Leipzig („Völkerschlacht") geschlagen und zum Rückzug über den Rhein gezwungen.
- Tiberius, Caligula und Nero waren römische Kaiser des ersten Jahrhunderts; sie galten als grausame Verbrecher; Tamerlan (= Timur-Leng), um 1400 n. Chr., mongolischer Herrscher, galt als grausamer Eroberer; Attila, um 450 n. Chr., König der Hunnen, Brudermörder, führte große Raubzüge gegen Ost- und Westrom durch.

Erwartete Antworten:
- Die „Schimpfode" ist Ausdruck leidenschaftlichen Hasses. Bonaparte wird geradezu als Verkörperung aller nur denkbaren Arten von Verbrechern beschimpft. Er übertreffe an Ungeheuerlichkeit alle anderen Übeltäter der Menschheitsgeschichte.
- Der Leser wird aufgefordert, jenen nicht zu glauben, die in Bonaparte – noch immer – den „größten Helden aller Zeiten" verehren wollen. Sie sollen im Gegenteil Ekel vor dem Geschmähten empfinden und ihn verachten.
  Die Ergebnisse werden im Tafelbild bzw. auf dem Arbeitsblatt festgehalten.

Alternative b:

Auch eine Kombination von Bilddokumenten und Texten ist möglich. Besonders ergiebig ist die Gegenüberstellung von Bild I („Addition") und dem Gedicht von J. F. Schink, insbesondere wegen des Kontrastes der jeweils aufgezählten großen Männer.
Die Ergebnisse des Vergleichs werden in einem Tafelbild (s. Stundenblatt) festgehalten.

Unterrichtsschritt 2:
Die Biographie Bonapartes

Wer war dieser Mann, den die einen als den größten Feldherrn und Staatsmann der Menschheitsgeschichte verehrten, andere aber geradezu als Ausgeburt der Hölle erlebten? Im Lehrervortrag wird eine knappe Übersicht über seinen Lebenslauf gegeben. Der Schwerpunkt liegt dabei auf der Zeit vor 1801.
Folgende Informationen sollten vermittelt werden:

Er wurde 1769 als Napoleone Buonaparte auf Korsika als viertes Kind einer verarmten adeligen Familie geboren. Die Insel war ein Jahr vor seiner Geburt von Frankreich erworben worden, was auf Widerstand in Korsika stieß. Bonapartes Vater arbeitete mit der französischen Verwaltung zusammen und konnte daher 1778 in Frankreich einen Freiplatz an einer Kadettenanstalt für Napoleon und einen älteren Bruder erhalten. Dort war der Neunjährige ein Außenseiter. Er fühlte sich als Ausländer isoliert und wegen seiner Armut verachtet. Im Jahre 1785 trat er als Artillerieoffizier in die königliche Armee ein. Als 1789 die Revolution ausbrach, trat Bonaparte auf die Seite der Jakobiner. Seine militärischen Leistungen gegen die britische Belagerungsflotte des Kriegshafens Toulon (1793) wurden mit der Beförderung des 24jährigen zum Brigadegeneral belohnt und brachten ihm die Anerkennung des mächtigen Robespierre. Dessen Sturz (Juli 1794) brachte auch das vorläufige Ende der militärischen Karriere des Korsen. Er lebte ab März 1795 fast mittellos als entlassener Offizier in Paris. Die Dienste, die er im Oktober 1795 bei der Niederschlagung eines Aufstandes von Königsanhängern leistete, verhalfen ihm im Frühjahr 1797 zur Ernennung zum Oberbefehlshaber der Italienarmee. In wenigen Monaten besiegte er dort die österreichischen Armeen, erzwang einen

Friedensvertrag und ordnete die italienische Staatenwelt neu. Um auch England zum Frieden zu zwingen, führte er 1798/99 einen Feldzug nach Ägypten durch. Er wollte so Großbritanniens Handel und Wirtschaft treffen. Da die Regierung in Paris in eine Krise geraten war, verließ er im August 1799 Ägypten, kehrte nach Paris zurück, organisierte einen Staatsstreich (November 1799) und errichtete eine Militärdiktatur. Bonaparte erließ eine neue Verfassung und nannte sich nun, nach altrömischem Vorbild, Erster Konsul. Erneute Feldzüge endeten mit der Niederlage der Österreicher und dem Frieden von Lunéville (1801). Der deutsche Kaiser wurde zur Abtretung aller linksrheinischen Gebiete gezwungen („natürliche Grenzen Frankreichs"). Diese außenpolitischen Erfolge nutzte Napoleon zum weiteren Ausbau seiner Machtposition in Frankreich: Im August 1802 ließ er sich nach einer Volksabstimmung zum Konsul auf Lebenszeit, im Dezember 1804 zum Kaiser der Franzosen proklamieren. Seine weiteren Ziele: „Als Napoleon dem Kaisertitel ... den Vorzug gab, hatte ihm von Anfang an der Gedanke eines großartigen Reiches vorgeschwebt, das über mehrere Vasallenstaaten herrsche, also eine Nachahmung des deutschen Reiches, das nur noch dem Namen nach bestand."[15] Die Verwirklichung dieser Pläne stieß auf den Widerstand der betroffenen europäischen Staaten. Sie wurden in einer Kette von Kriegen besiegt. Der Feldzug gegen Rußland im Jahre 1812 brachte die Wende. Das napoleonische Heer wurde 1812/13 vernichtet, Napoleon 1814 zur Abdankung gezwungen. Die Sieger übertrugen ihm zunächst als Herrschaftsgebiet die Insel Elba, 1815 wurde er auf die Insel St. Helena im südlichen Atlantik verbannt, wo er 1821 starb.

[15] Napoleon, Leben, Bd. 1, S. 288

Unterrichtsschritt 3:
Napoleon – ein „Großer der Geschichte"?

- Warum haben die Zeitgenossen so unterschiedliche Meinungen über Napoleon geäußert?
- Welches Urteil über Napoleon ist eher richtig?

Im Unterrichtsgespräch werden nunmehr diese durch die kontrastive Anordnung des Materials hervorgerufenen Fragen erörtert. Dabei wird sich ergeben, daß die Unterschiedlichkeit der Aussagen teilweise durch den jeweiligen Zeitpunkt der Veröffentlichung (um 1801/1804 bzw. 1813/14) und durch den publizistischen Standort (napoleonische Propaganda bzw. Gegnerschaft zur französischen Politik) erklärt werden kann.

Ein neuer Gesprächsimpuls wird durch die Vorlage von Brechts „Fragen eines lesenden Arbeiters"[16] gegeben. Das Gedicht wird ohne weitere Einführung präsentiert. Zur Weiterführung der Diskussion wird seitens des Lehrers die richtungweisende Frage formuliert:

- Was hat dieses Gedicht mit unserem Thema zu tun? (Napoleon wird ja nirgends erwähnt!)

Erwartete Gesprächsergebnisse:

- Alexander, Cäsar, Friedrich der Zweite werden häufig als „große Männer" bezeichnet und in diese Reihe ist Napoleon einzuordnen.
- Im Gedicht wird herausgearbeitet, daß die Taten dieser Männer nur mit Hilfe der Bauarbeiter, Sklaven, Köche, Matrosen und Soldaten, d. h. einer großen Zahl von

[16] Enthalten in: Arbeitsreihen Deutsch 9/10, Klett (3432) S. 180 / Gedichte – Von den Anfängen bis zur Gegenwart, Klett (3471) S. 238 f. / Lesebuch A (Gymnasium) Oberstufe, Lyrik, Klett (347) S. 238 f. / B. Brecht, Gesammelte Werke, Frankfurt 1967, S. 656 f.

„kleinen Leuten“ verwirklicht werden konnten.
- Zu den „vielen Fragen“ des lesenden Arbeiters gehört sicher auch die, weshalb die anonymen Menschenmassen die besagten Bauwerke errichteten, in die Kriege zogen, dabei ihr Leben aufs Spiel setzten und bereit waren, andere „kleine Leute“ zu vernichten.

Unterrichtsschritt 4:
Zielorientierung

Die aufgeworfenen Fragen werden durch den Lehrer auf Napoleon hin konkretisiert und an der Tafel festgehalten.
- Weshalb waren Millionen von Menschen bereit, sich Napoleon unterzuordnen und so die Durchsetzung seiner Pläne zu ermöglichen?
- Weshalb haben sich diese Menschen Napoleon verbunden gefühlt?
- Was machte denn Napoleons „Größe“ aus?

Der Lehrer weist darauf hin, daß diese Fragen erst nach einer genaueren Kenntnis der Geschichte Europas zwischen 1800 und 1815 weiter erörtert werden können und daß dieser Zeitabschnitt der politischen Geschichte Gegenstand der folgenden Unterrichtseinheit sei.

Hausaufgabe:

1. Erstelle mit Hilfe Deines Geschichtsatlanten eine Liste der fünfzehn größten Herrschaftsgebiete des Heiligen Römischen Reiches am Ende des 18. Jahrhunderts.
2. Welchen Titel führten die jeweiligen Landesherren?
3. Welche Gruppen von Landesherren kann man unterscheiden?

Erwartete Ergebnisse:

Weltliche Fürsten:

1. Böhmen – Mähren – Österreich – Steiermark – Tirol –. . .:
   König v. Böhmen, König v. Ungarn, Markgraf v. Mähren, Erzherzog v. Österreich . . .
2. Brandenburg:
   Kurfürst v. Brandenburg, König in Preußen . . .
3. Bayern – Pfalz:
   Kurfürst
4. Sachsen:
   Kurfürst
5. Hannover:
   Kurfürst v. Hannover, König v. England . . .
6. Mecklenburg:
   Herzog
7. Holstein:
   Herzog, König v. Dänemark
8. Hessen-Kassel:
   Landgraf
9. Württemberg:
   Herzog

Geistliche Fürsten:

10. Münster: Bischof
11. Köln: Erzbischof
12. Trier: Erzbischof
13. Mainz: Erzbischof
14. Würzburg: Bischof
15. Lüttich: Bischof

(nach Putzger, S. 82f.)

2. Stunde: Die Auflösung des „Heiligen Römischen Reiches Deutscher Nation"

Didaktische Vorbemerkung

Der Zusammenbruch des Reiches zu Beginn des 19. Jahrhunderts war nicht nur eine Folge der Expansion des revolutionären und napoleonischen Frankreichs. In starkem Umfang trug zu dieser Entwicklung auch die preußisch-österreichische Rivalität bei. Die deutschen Großmächte suchten nach 1763 alle Reformbestrebungen für territoriale Erweiterungen und Einflußgewinn zu nutzen. Der hierarchisch-lehensrechtliche Charakter der Reichsverfassung wurde in der Verfassungswirklichkeit immer weiter zurückgedrängt und zunehmend durch föderalistische Strukturen (z. B. Fürstenbund von 1785) ersetzt.

Bereits in diesen Jahren waren sich die geistlichen Fürsten der ihnen drohenden Gefahr bewußt. Die Diskussion um die Reform der Reichskirche (Febronianismus) und der Konflikt mit dem Herrschaftsanspruch des Papsttums führten in zunehmende Isolierung. Und dadurch wuchsen die Chancen der weltlichen Reichsstände, Säkularisationsziele zu verwirklichen. Doch erst nach der Jahrhundertwende konnten die mächtigeren Landesherren diese Absichten mit Hilfe Frankreichs im Reichsdeputationshauptschluß (1803) durchsetzen.

Häufig wird in der deutschen Geschichtsschreibung die These vertreten, daß die Ergebnisse des Reichsdeputationshauptschlusses den Intentionen des Ersten Konsuls entsprochen hätten. Er hätte die Entstehung von Mittelstaaten geradezu planmäßig betrieben, um sie als Instrumente zur Durchsetzung einer Vormachtstellung im rechtsrheinischen Mitteleuropa zu benutzen. Es sollte aber auch gesehen werden, daß dieser Ansicht in der französischen Geschichtsschreibung (z. B. Gaxotte[17]) widersprochen wird. Nicht Napoleon sei – so wird argumentiert – die gestaltende Kraft gewesen, sondern der unbedingte Expansionswille der deutschen Fürsten. Das Ergebnis, die „Flurbereinigung", habe durchaus nicht im strategischen Interesse Frankreichs gelegen.

Säkularisation und Mediatisierung waren Eingriffe in die Reichsorganisation, die auf zahlreiche Menschen direkt Auswirkungen hatten: über drei Millionen Untertanen wechselten den Landesherrn. Darüber hinaus kam es zu massiven Eingriffen in die Eigentumsverhältnisse. Wichtig ist hierbei, daß die Schüler lernen, zwischen Veränderung von Herrschaftsrechten (Imperium) und Eigentumsrechten (Dominium) zu unterscheiden. Beim Vorgang der Mediatisierung wurden meist nur die Herrschaftsrechte auf eine andere Person übertragen. Bei der Säkularisation aber ging häufig auch das „Dominium" auf den neuen Landesherrn über. Beide Vorgänge setzten schon vor dem formalen Beschluß des Reichstages ein und wuchsen in den folgenden Monaten über die dort gesteckten Grenzen hinaus. Auch die Reichsritterschaften wurden mediatisiert. (Bekanntestes Beispiel: der Freiherr vom Stein) Aus Zeitgründen wird dies wohl nur im Ausnahmefall thematisiert werden können.

Lernziele

Die Schüler erkennen, daß
- die französische Republik im Frieden von Lunéville die Expansionsziele des absolutistischen Frankreichs, die „natürlichen Grenzen" im Osten, erreichte,
- die Ablösung der Ständegesellschaft in den linksrheinischen Gebieten auf Zustimmung weiter Teile der Bevölkerung stieß,

---
[17] Gaxotte, Geschichte Deutschlands, Bd. II, S. 122

- die Ausbeutung der linksrheinischen Gebiete dort bald zur Ablehnung des französischen Einflusses führte.

Die Schüler erarbeiten
- die Sicht der deutschen Jakobiner über die Ursachen des Zusammenbruchs des Heiligen Römischen Reiches,
- die Auswirkung des Reichsdeputationshauptschlusses auf die territoriale Gestaltung Deutschlands,
- die propagandistische Aussage von Davids Gemälde zur Krönung Napoleons.

Die Schüler beurteilen
- Napoleons Ziele bei der Durchsetzung des Reichsdeputationshauptschlusses.

Verlaufsskizze

Unterrichtsschritt 1:
Das Heilige Römische Reich am Ende des 18. Jahrhunderts

Mit einer Stillarbeitsphase wird die Stunde eröffnet. Als Material (s. Vorschlag für ein Arbeitsblatt, S. 25) wird die „Todesanzeige" für das Heilige Römische Reich vorgelegt, die der rheinländische Publizist und Revolutionsanhänger Görres am 7. Januar 1798 der Patriotischen Gesellschaft in Koblenz vorlas.

Erwartete Antworten:
- Der angeblich „Verstorbene", das Heilige Römische Reich, wird als alterschwach, schwerfällig und vermutlich gehirnlos verspottet.
- Das Reich sei im Juni 842 (bei einer der Teilungen des Karolinger Reiches) „geboren worden und am 30. Dezember 1797 verstorben".
- Im „Testament" werden die „Erben" aufgezählt: Frankreich, der König von Ungarn und Böhmen, der König von Preußen, der Landgraf von Hessen-Kassel u. a.
  Die spöttische Sprechweise legt die Vermutung nahe, daß den „Erben" der Zusammenbruch des Reiches zur Last gelegt wird, daß sie über das Reich hergefallen seien oder auf andere Weise seinen Zusammenbruch herbeigeführt hätten. Schuld sei also nicht nur ein Angreifer von außen, Frankreich bzw. der General Buonaparte, sondern Glieder des Reiches selber. Der deutsche Kaiser, der ja als Habsburger auch König von Böhmen und Ungarn war, habe mit zum Einsturz des Reiches beigetragen, nur um seine habsburgischen Besitzungen in Süddeutschland auszudehnen. Und die Mitwirkung Preußens ziele auf den Erwerb Nordwestdeutschlands.
- Der Verfasser hält diese Herrscher für Verräter am Reich und den Landgrafen für einen Menschenhändler. Er hält das Ende des fast tausendjährigen Reiches für gekommen und begrüßt dieses Ereignis.

Über den Verfasser der Texte, Joseph Görres, wird knapp informiert:
- 1776 in Koblenz geboren, begeisterter Anhänger der Ideen der französischen Revolution, trat ab 1792/93 für die Schaffung einer Republik in den linksrheinischen Gebieten des Reiches ein (= Cisrhenanische Republik), veröffentlichte ab 1795 politische Schriften, in denen er sich für die, von der französischen Besatzungsmacht bereits faktisch vollzogenen, Angliederung dieser Gebiete an Frankreich aussprach. Enttäuscht wandte er sich wenige Jahre später von Frankreich ab.

Vorschlag für ein Arbeitsblatt
(2. Stunde, Unterrichtsschritt 1)

Am dreißigsten Dezember 1797, am Tage des Übergangs von Mainz* nachmittags um drei Uhr starb zu Regensburg in dem blühenden Alter von 955 Jahren, 5 Monaten, 28 Tagen, sanft und selig an einer gänzlichen Entkräftung und hinzugekommenen Schlagflusse, bei völligem Bewußtsein, und mit allen heiligen Sakramenten versehen, das heilige römische Reich schwerfälligen Andenkens ...

Vernehmt, Bürger, seinen letzten Willen ...
Wir setzten daher fürs erste fest, und ernennen die Fränkische Republik als einzige rechtmäßige Erbin des ganzen linken Rheinufers ...
Ebenso übertragen wir zweitens Salzburg, Passau und einen Teil von Bayern, seiner Majestät dem König von Ungarn und Böhmen; Hannover und die Hansestädte seiner Majestät dem König von Preußen;
...
Zwölftens. Die Reichsarmee soll dem Landgrafen von Hessen-Kassel übergeben werden, damit er sie bei erster bester Gelegenheit dem Meistbietenden zuschlagen und nach England, Amerika oder Ostindien verhandeln und an den Mann bringen möge ...
Endlich ist es unser ernstlicher Wille, daß unser Körper nach unserem gottbeliebigen Ableben einer ... Zergliederung unterworfen, unser Gehirn, wenn sich solches vorfindet, dem Wiener Ministerium ... überantwortet werden soll ...
Zum Exekutor gegenwärtigen Testaments ernennen wir Seine Exzellenz den Herrn General Buonaparte ...
Gegeben in unserer, und des heiligen Reichs Stadt Regensburg ... den 25ten Oktobris ... im 1797sten, unseres Alters im neunhundertfünfundfünfzigsten Jahre.

Das heilige römische Reich

(zit. nach: J. Görres, Politische Schriften der Frühzeit, S. 95–100)

* Übergabe der Stadt und Festung durch habsburgische Truppen an Frankreich

Fragen:

1. Welche Meinung hatte der Verfasser der „Todesanzeige" und des „Testaments" über den „Verstorbenen"?
2. Weshalb wurden diese Texte verfaßt?
3. Was läßt sich über den Verfasser vermuten?

Unterrichtsschritt 2:
Der Friede von Lunéville (1801)

Im Lehrervortrag wird dargestellt, daß die „Todesanzeige“ verfrüht war, daß Friedensverhandlungen zwischen dem Reich und seinem Kaiser einerseits und der französischen Republik andererseits seit Dezember 1797 in Rastatt stattfanden, die in der lothringischen Stadt Lunéville 1801 zum Abschluß gebracht wurden. Die wichtigsten Ergebnisse des Friedensvertrages werden erläutert und dann in einem Tafelbild zusammengestellt.
Die Erläuterungen erfolgen durch eine fiktive Pressemitteilung auf einem vorbereiteten Tonband (bzw. einer Cassette):

„Paris, im Februar 1801.

Die Pressestelle des Konsuls Bonaparte gibt bekannt:

1. Nachdem das Königreich Preußen bereits im Jahre 1795 aus dem Krieg gegen Frankreich ausgeschieden ist und dem Kaiser und Deutschen Reich die Last der weiteren Kriegsführung allein überlassen hatte, hat nunmehr auch der deutsche Kaiser dem Abschluß eines Friedensvertrages zugestimmt. Dieser wurde dann am 9. Februar in der lothringischen Stadt Lunéville abgeschlossen.
2. Die von den französischen Truppen seit längerem besetzten Gebiete links des Rheines werden der Französischen Republik einverleibt. Damit hat Frankreich im Osten die seit der Zeit Louis XIV. angestrebten natürlichen Grenzen erreicht.
3. Die deutschen Fürsten werden als Entschädigung für linksrheinische Verluste einen Ausgleich erhalten. Es ist geplant, einen Ausschuß des Regensburger Reichstages über die Entschädigungsansprüche entscheiden zu lassen. Frankreich hat sich hierbei ein Mitspracherecht gesichert.

gez. Bonaparte, 1. Konsul“

Unterrichtsschritt 3:
Säkularisation und Mediatisierung

Das Ergebnis der Entschädigungsverhandlungen stellen die Schüler selbständig durch vergleichende Kartenarbeit fest. Die Untersuchung kann sich exemplarisch auf eine Region beschränken oder aber eine Aussage für das ganze Reichsgebiet zum Ziele haben. Die meisten Lehrbücher der Sekundarstufe I und die Kartenwerke ermöglichen beide Vorgehensweisen.

Regionale Auswirkungen:

Fragen an die Geschichte 3, S. 159, K 3 und K 4;
Geschichtliche Weltkunde 2, S. 139;
Menschen in ihrer Zeit 3, S. 82;
Geschichte 3 N, S. 88.

Auswirkungen auf das ganze Reichsgebiet:

Völker, Staaten und Kulturen, S. 68 K I und S. 70 K III; Putzger S. 82 und S. 87, gegebenenfalls unter Einbeziehung des Zusatzteiles „Putzger-Karten zur Geschichte Baden-Württembergs“, K 3 und K 5 II und III; Geschichte und Geschehen 9, S. 89

Erwartete Auswertungsergebnisse:
- Beseitigung fast aller geistlicher Herrschaftsgebiete, vieler freier Reichsstädte und zahlreicher kleinerer Reichsstände (mögl. Zusatzinformation: insgesamt wurden 112 Reichsstände aufgehoben; in den folgenden Monaten wurden noch etwa 350 Reichsritterschaften mediatisiert);
- die Entschädigungen übertrafen in vielen Fällen die linksrheinischen Verluste um ein Vielfaches (im Falle Badens z. B. um das Siebenfache);
- Entstehung einer Reihe von mittelgroßen Staatsgebilden (Bayern, Württemberg, Baden, Hessen-Darmstadt).

Alternative:

Ersatzweise können auch im Unterrichtsgespräch Geschichtswandkarten ausgewertet werden (z. B. Westermann: „Deutschland im 18. Jahrhundert" u. „Europa 1815–1871" oder auch „Deutschland 1789" und „Europa 1815"; Perthes: „Deutschland 1790–1871).

Exkurs I:

Bei der Unterrichtsvorbereitung sollte mitbedacht werden, ob die hier besprochenen Vorgänge für die Lokalhistorie von Relevanz waren. Ist dies der Fall, sollte durch Rückgriff auf heimatgeschichtliche Forschungen die darin liegende Motivationschance genutzt werden.
Mögliche Fragen zur Materialauswertung (am Beispiel Schwäbisch Hall):
- Wie haben sich die Bürger beim Untergang der freien Reichsstadt Schwäbisch Hall verhalten?
- Wie hat der Herzog von Württemberg sein Vorgehen gerechtfertigt?
- Welche Folgen hatte die Mediatisierung für die Stadt?

Exkurs II:

Folgende Frage kann zur Diskussion gestellt werden:
Hat Napoleon nur dem Willen deutscher Fürsten nach Gebietserweiterungen nachgegeben oder hatte er Gründe, diese Vorgänge zu fördern?
Die erarbeiteten Auswertungsergebnisse werden in einem Tafelbild zusammengefaßt (vgl. Stundenblatt).

Unterrichtsschritt 4:
Das Ende des Alten Reiches

Den Schülern wird das Bild J. L. Davids über die Krönungsfeierlichkeiten in der Kathedrale Notre-Dame in Paris am 2. 12. 1804 vorgelegt. (V-Dia, Serie D 41028, Nr. 10; oder aber die Wiedergabe in den Lehrbüchern: Geschichtl. Weltkunde II, S. 136; Zeiten und Menschen 3, S. 43; erinnern und urteilen 3, S. 42; Zeitaufnahme 2, S. 74; Menschen in ihrer Zeit, S. 81; Geschichte 3N, S. 78)

Fragen zur Auswertung:
- Wer steht im Mittelpunkt des Gemäldes?
- Wer sind die anderen Dargestellten?
- Welchen Eindruck will der Maler beim Betrachter hervorrufen?

Erwartete Antworten:
Alle Blicke sind auf Napoleon gerichtet. Er setzt seiner Gattin Josephine eine Krone auf, vermutlich nach vorausgegangener eigener Krönung. Die Kleidung der Teilnehmer an der Feierlichkeit ist äußerst luxuriös (z. T. werden Hüte mit Straußenfedern getragen, genau der gleichen Art, wie sie A. Couder in seinem Gemälde über die Eröffnungssitzung der Generalstände in Versailles im Jahre 1789 gemalt hat). Die prächtige Kleidung Napoleons sticht deutlich hervor. Offenbar soll durch sie eine Verbindung zu längst vergangenen Epochen hergestellt werden. Napoleon soll wohl schon optisch an Herrschergestalten des Altertums erinnern. Die anwesenden Kleriker sind nur Zuschauer beim Krönungsvorgang. Der Gesichtsausdruck des Papstes Pius VII. ist geradezu teilnahmslos.

Exkurs I:

Der Lehrer informiert darüber, daß die erzwungene Anwesenheit des Papstes deutlich machen sollte, daß die Ergebnisse des 2. 12. 1804 nicht mit den Krönungen der Bourbonen, die in Reims und ohne den Papst stattgefunden hatten, verglichen werden sollten. Vielmehr sollte an die Kaiserkrönung Karls d. Großen im Dezember 800 erinnert werden.

Vorschlag für ein Tafelbild
(2. Stunde, Unterrichtsschritt 4, Exkurs II)

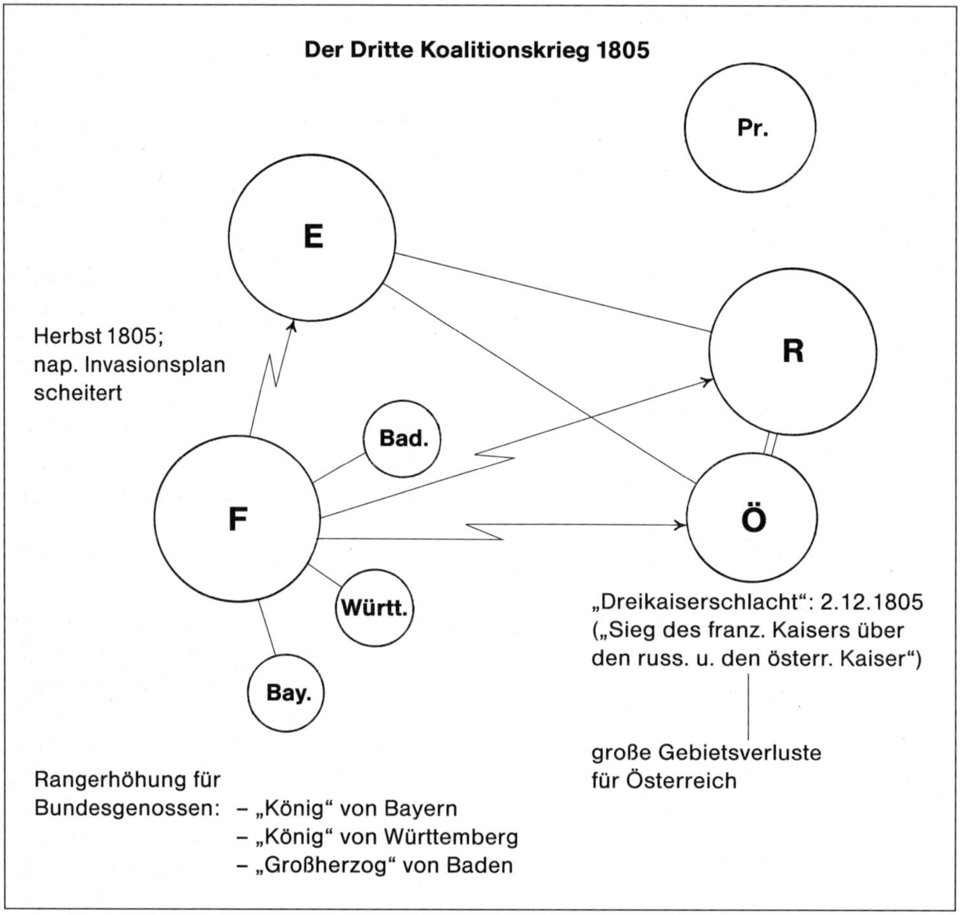

Das Unterrichtsgespräch wird durch folgende Fragen strukturiert:
- Warum wollte sich Napoleon so scharf von den Bourbonen abheben?
- Warum nahm er den Titel eines Kaisers und nicht den eines Königs an?

Bei der Diskussion der Fragen werden die Grundlagen der mittelalterlichen Kaiseridee wiederholt:
- Schutzherr der römischen Kirche,
- weltliches Oberhaupt über die römische Christenheit,
- Anspruch auf Überordnung über alle anderen christlichen Herrscher,
- Exklusivität des Titels: der Inhalt der Kaiseridee schloß die Anerkennung der Rechtmäßigkeit eines zweiten Kaisers aus.

Exkurs II:

Im Lehrervortrag wird – bei gleichzeitiger Entwicklung einer Faustskizze an der Tafel (s. S. 28), – über die Auflösungsphase des Alten Reiches informiert:

- rasche Reaktion des Kaisers Franz II. auf die Pläne zur Krönung Napoleons: Annahme des Titels eines Kaisers von Österreich (Sommer 1804), womit zwar die Gleichrangigkeit der Habsburgermonarchie mit der neuen französischen Dynastie betont wurde, aber andererseits die Kaiseridee, die mit dem Hlg. Röm. Reich verknüpft war, fallen gelassen wurde.
- Ausbruch des Dritten Koalitionskrieges: England versuchte, die von Napoleon vorbereitete Invasion zu verhindern. Vernichtung der französischen Flotte beim Kap von Trafalgar (Okt. 1805). Aufbau einer antifranzösischen Koalition: England, Rußland, Österreich. Napoleons Reaktion: Einmarsch in Süddeutschland, Druck auf die süddeutschen Fürsten, sich Frankreich anzuschließen. Sieg über die kontinentalen Bundesgenossen Englands am 2. 12. 1805 in der Schlacht von Austerlitz. Im folgenden Friedensvertrag mußte Österreich auf weite Gebiete in Italien, in den Alpen und in Süddeutschland verzichten.

Hausaufgabe:

Arbeitsblatt 2: Napoleon: Erneuerung der „Universalmonarchie“?

3. Stunde: Der Rheinbund

Didaktische Vorbemerkung

Die unterrichtliche Darstellung der staatlichen Reorganisation des „Dritten Deutschland“ im Jahre 1806 läuft Gefahr, die Schüler durch die Auseinandersetzung mit verfassungsrechtlichen Fragestellungen zu überfordern und damit zu demotivieren. Deshalb wird vorgeschlagen, die realen Machtverhältnisse, die diesen Wandlungsprozeß verursachten, konkret am Schicksal eines keineswegs außergewöhnlichen Zeitgenossen darzustellen: an der Person des Nürnberger Buchhändlers Johann Philipp Palm. Die Begleitumstände seiner Exekution machen einsichtig, wer damals in Süddeutschland letztlich über die Geschicke der Menschen entschied.
Die Frage nach dem „Verbrechen“ Palms verweist auf die von ihm verlegte Schrift „Deutschland in seiner tiefen Erniedrigung“. Der vorgelegte Textauszug aus der etwa 80 Seiten langen Kampfschrift soll zum einen den Schülern verdeutlichen, wie damals in Württemberg und Bayern Menschen die Besatzungsmacht erlebten; zum anderen aber soll der knappe Auszug die politischen Intentionen des Autors belegen und die Frage nach der Berechtigung der brutalen Reaktion des französischen Kaisers provozieren. Napoleon sah die Schrift als höchst gefährlich an, unterstellte also diesem und ähnlichen Texten die Fähigkeit, die Deutschen gegen seine Politik zu aktivieren. Welche Wirkung hat nun die Schrift tatsächlich gehabt? Über die Rezeption ist nur sehr wenig bekannt. Die erste Auflage erschien im Mai 1806 in 500 Exemplaren. Sie wurde von Palm an befreundete Buchhändler in kleiner Stückzahl weitergegeben. Offenbar wurden auch Abschriften des brisanten Textes hergestellt[18].

[18] P. Sauer, Der schwäbische Zar, S. 252f.

Eine zweite Auflage erschien im August 1806, wurde aber, als Vorsichtsmaßnahme, von einem Gehilfen Palms fast vollständig vernichtet.
Der Autor der Schrift ist nicht bekannt. Palm hat den Namen verschwiegen. In der Forschung werden mehrere Namen diskutiert. Da im Text Preußen, Österreich und auch die anderen deutschen Fürsten mit Ausnahme des sächsischen Monarchen wegen Untätigkeit attackiert werden, andererseits genauere Kenntnisse der diplomatischen Vorgänge zugrunde liegen, steht zu vermuten, daß der Verfasser Diplomat im Dienste Sachsens war.
Bezeichnend für die innenpolitische Situation der nachnapoleonischen Zeit ist, daß die Schrift, als sie auf Verlangen der Familie Palm 1814 neu aufgelegt wurde, vom Herausgeber nicht in voller Länge ediert wurde und dieser sich im Vorwort vom Inhalt der „berüchtigten Flugschrift" distanzierte.

Lernziele

Die Schüler erkennen, daß
- Napoleon mit den Mitteln des Terrors 1805/6 Gehorsam in Süddeutschland erzwang,
- die französische Besatzungsmacht publizistische Angriffe als gefährlich einschätzte,
- große Teile der Menschen mit Gleichgültigkeit oder Resignation auf den Zusammenbruch der überkommenen politischen Ordnung reagierten,
- patriotische Appelle nicht nur gegen die Fremdherrschaft gerichtet waren, sondern auch massive Kritik an den deutschen Fürsten enthielten,
- teilweise mit dem Entstehen der neuen Ordnung Hoffnungen auf einen dauerhaften Friedenszustand verknüpft wurden,
- die napoleonische Hegemonie über Mitteleuropa die verbleibenden unabhängigen Mächte veranlaßte, die eigene Existenz als gefährdet anzusehen.

Die Schüler erarbeiten
- die Vorgänge, die zum Zusammenbruch des Hlg. Römischen Reiches führten,
- die Strukturen des Rheinbundes und die Interessen, denen diese Konföderation diente.

Die Schüler beurteilen
- das politische Verhalten einer Bevölkerung, die dem Terror einer Okkupationsarmee ausgeliefert ist,
- die Möglichkeit, die napoleonische Expansion mit der Kategorie der „Europa-Politik" beschreiben zu können.

Verlaufsskizze

Unterrichtsschritt 1:
Die Hinrichtung des Buchhändlers Palm (26. 8. 1806)

Als Einstieg in die Stunde wird den Schülern als Folie ein Brief Napoleons an den französischen Marschall Berthier vorgelegt (s. S. 31).

Fragen zur Auswertung?
- Worin bestand das Vergehen des Angeklagten?
- Welche Rolle wies Napoleon in dem Kriegsgerichtsverfahren Marschall Berthier und den sieben Obristen zu?
- Was versteht man unter „Hochverrat"?

Vorschlag für eine Folie
(3. Stunde, Unterrichtsschritt 1)

Napoleons Befehl an Marschall Berthier betreffend die Buchhändler von Augsburg und Nürnberg vom 5. August 1806:

„Ich denke, daß Sie die Buchhändler von Augsburg und Nürnberg haben verhaften lassen. Es ist mein Wille, daß sie vor ein Kriegsgericht gezogen und in 24 Stunden erschossen werden. Es ist kein gewöhnliches Verbrechen, wenn man in den Orten, wo sich die französischen Armeen befinden, Schmähschriften verbreitet, um die Einwohner gegen sie aufzureizen; es ist Hochverrat. Das Urteil soll aussprechen, daß, da es Pflicht des Chefs einer Armee ist, überall, wo sich eine solche befindet, über ihre Sicherheit zu wachen, die Personen so und so, welche des Versuchs überwiesen sind, die Einwohner von Schwaben zur Empörung gegen die französische Armee zu reizen, zum Tod verurteilt sind. In diesem Sinn soll das Urteil abgefaßt werden. Sie werden die Verbrecher mitten in eine Division bringen lassen und sieben Oberste ernennen, um sie zu richten. Sie werden in dem Urteil bekunden, daß die Schmähschriften von den Buchhändlern Kupffer in Wien und Eurich von Linz geschickt, und diese ... zum Tode verurteilt worden sind, welches Urteil überall, wo sich französische Truppen befinden, vollzogen werden soll, wenn sie ergriffen werden. Sie werden das Urteil in ganz Deutschland verbreiten lassen.

Napoleon“[19]

Im Unterrichtsgespräch wird herausgearbeitet, daß
- süddeutsche Buchhändler wegen Verbreitung antifranzösischer Schriften den Zorn Napoleons erregt hatten,
- die Kriegsgerichtsverfahren nur zur Wahrung des Scheins befohlen worden waren, weil ja die Urteile bereits vor Prozeßbeginn festgelegt worden waren,
- die befohlenen Exekutionen als Terrormaßnahmen zur Einschüchterung in den besetzten Gebieten gedacht waren,
- die französische Regierung die Buchhändler so betrachtete, als ob sie Paris gegenüber die gleichen rechtlichen Pflichten hätten wie französische Untertanen (= Hochverratsvorwurf!), d. h. alles zu unterlassen, was den Bestand des Staates, seiner Ordnung und sein Staatsoberhaupt gefährden konnte.

Durch einen Lehrervortrag wird ergänzt, daß
- es, entsprechend dem Befehl aus Paris, im August 1806 zu Verhaftungen von süddeutschen Buchhändlern und Kolporteuren kam,
- die Verhafteten tatsächlich vor ein französisches Militärgericht gestellt wurden und z. T. zum Tode verurteilt wurden,
- aber nur der Nürnberger Buchhändler Palm am 26. 8. 1806 im damals bayerischen Braunau am Inn erschossen wurde. Seine Hinrichtung wurde rasch allgemein bekannt und erweckte Abscheu und Entsetzen.

[19] zit. nach: M. Riegel, Palm, S. 53

Vorlesetext
(3. Stunde, Unterrichtsschritt 2)

Auszug aus:
„Deutschland in seiner tiefen Erniedrigung", Mai 1806

Napoleon führt (im Herbst 1805) seine Völker über den Rhein. Ohne Zelt, Mundvorrat und andere Notwendigkeiten, die der Krieg für Mann und Pferd unentbehrlich macht, betreten sie den deutschen Boden. Wer wollte sich einigen Hunderttausend widersetzen? Baden und Württemberg, Frankreichs ohnmächtige Nachbarn, erhalten den ersten Besuch. Wie wohlgemeint dieser ablief, darüber leisten die lauten Klagen jener Länder die Gewähr. Fressen, Saufen und Weiberschänden waren Tagesordnung der französischen Armee. Die Höfe Baden und Württemberg hatten zwar ihre Länder durch ein abgedrungenes Bündnis mit Frankreich zu retten gesucht. Wie wenig waren sie dadurch gebessert? Höchstens wurde durch dieses traurige Mittel Sengen und Brennen verhütet. Übrigens mußten sich beide Fürsten an Napoleons Freundschaftsversicherungen genügen lassen und ihre Gesinnung nach seiner Pfeife stimmen ...
Ungeheuere Lieferungen aller Art waren das erste Wort, womit das französische Heer bei seinem Eintritt Städten und Dörfern in Bayern das Compliment machte. Nach diesem traurigen Willkomm eilt der Soldat wie ein ausgehungerter Wolf auf sein angewiesenes Quartier zu. Sonst pflegt der Hunger keine Speise zu verachten, hier fordert er Leckerbissen zu seiner Befriedigung. Kaum war der Franzose aus seinem Nest, als er sich schon nach Cafe, Wein, Likör, Braten und Eingemachtem umsah. Noch dampfte der Fraß aus seinem gespannten Wanste, da er sich zum Mittagessen niedersetzte und wenn nicht köstliche Zubereitung der Speisen aufs Neue seinen Appetit reizte, Wirt und Wirtin auf das niederträchtigste mißhandelte ...
Schon gelten französische Machtsprüche im Reich mehr als Römisch-Kaiserliche Dekrete. Schon wird das Schicksal deutscher Städte und Länder in Paris abgewogen und des Reiches Oberhaupt muß dabei das Auge verschließen. Was fühlst du, deutscher Mitbruder, bei dieser Ohnmacht deines Kaisers?
Fehlt es etwa an Beweisen, daß Napoleon alle Reiche Europas von sich abhängig zu machen fest entschlossen ist? Sind nicht die von ihm neu geschaffenen Könige seine Vasallen, die zu seinem Beistand, so oft es verlangt wird, bereit sein müssen? Möchten doch jene Fürsten, welchen die Vorsicht Macht genug zur Verteidigung unseres deutschen Vaterlandes in die Hände gab, den allgemeinen Notstand zu solchen Maßregeln hinleiten lassen, dadurch dem weiteren Verfall des Reiches gesteuert und zur Hoffnung besserer Zeiten noch ein Schimmer übrig bleiben kann.[20]

Unterrichtsschritt 2:
Palms Kampfschrift

Nunmehr wird die naheliegende Fragestellung thematisiert:
- Weshalb hielt die französische Armeeführung die Tätigkeit Palms für so außerordentlich gefährlich?

Als Diskussionsgrundlage wird ein Auszug der von Palm verkauften Schrift „Deutschland in seiner tiefen Erniedrigung" vorgelesen. Vorweg aber wird diese Quelle kurz charakterisiert: Palm war nicht Autor dieser

[20] zit. nach: M. Riegel, a.a.O., S. 118ff.

Schrift, gehörte aber vermutlich einer Gruppe an, die den noch heute unbekannten Autor zur Abfassung dieser Schrift veranlaßt hatte. Die politische Tendenz hat Palm offenbar geteilt.

Das Unterrichtsgespräch wird ergeben, daß
- die Absicht der Schrift, Widerstand gegen die wachsende Beherrschung Süddeutschlands durch das napoleonische Frankreich zu mobilisieren, der Besatzungsmacht nicht gleichgültig sein konnte,
- die Gefährlichkeit der Schrift ganz entscheidend von der Rezeption der im Text direkt genannten Adressatengruppe („der friedliche Bürger und Landmann") abhing,
- Napoleon die Mobilisierbarkeit für möglich hielt und befürchtete.

Weiterführende Frage:
Was sollte man wissen?
Die Schüler formulieren Fragen, die an der Nebentafel festgehalten werden, z. B.:
- Hat die von Palm verkaufte Schrift Wirkungen gezeigt?
- Wie haben die Menschen in Deutschland auf die französische Armee reagiert?

Unterrichtsschritt 3:
Die Errichtung des Rheinbundes

In einer Stillarbeitsphase entnehmen die Schüler den Lehrbüchern die Informationen zur politischen Geschichte Deutschlands im Jahre 1806 (z. B. Zeiten und Menschen 3, S. 43; Menschen in ihrer Zeit 3, S. 84f.; erinnern und urteilen 3, S. 48f., Geschichtliche Weltkunde 2, S. 138f.; Spiegel der Zeiten 3, S. 97f.; Geschichte 3N, S. 84f.; Geschichte und Geschehen 9, S. 88–90).

Erwartete Arbeitsergebnisse:
- Die Einschüchterungsmaßnahmen Napoleons standen zeitlich in engem Zusammenhang mit der Umwälzung der staatlichen Ordnung in Deutschland.
- Im Jahre 1806 brach das Heilige Römische Reich endgültig zusammen: durch den „Austritt" vieler mit Napoleon verbündeter deutscher Fürsten und durch die anschließende erzwungene Niederlegung der Krone durch Kaiser Franz II.
- Die ausgetretenen Fürsten des „Dritten Deutschlands" wurden von Napoleon veranlaßt, sich zu einer Konföderation, dem Rheinbund, zusammenzuschließen, als dessen Protektor der französische Kaiser fungierte. Der Rheinbund wurde zum Instrument napoleonischer Machtpolitik.
- Entgegen den Befürchtungen Napoleons reagierte die Bevölkerung nicht auf die antifranzösische Kampfschrift. Vielmehr war überwiegend Gleichgültigkeit oder Resignation gegenüber politischen Fragen festzustellen.
- Diese 1806 weit verbreitete Gleichgültigkeit dürfte auch eine Folge des Absolutismus gewesen sein, der die Untertanen zu unpolitischem Denken bzw. zu einem Gefühl politischer Ohnmacht führen wollte.

Die von den Schülern dem Lehrbuch entnommenen Fakten werden, durch Lehrerinformationen ergänzt, in Form eines Tafelbildes (s. Stundenblatt) festgehalten.

Exkurs I:

Als zusätzlicher Beleg kann hier die bekannte Reaktion in der Familie Goethe eingebracht werden.
Elisabeth Goethe, die Mutter des Dichters, am 19. August 1806 in einem Brief an ihren Sohn:

> „Mir ist übrigens zumute, als wenn ein alter Freund sehr krank ist. Die Ärzte geben ihn auf. Man ist versichert, daß er sterben wird. Und mit all der Gewißheit wird man doch erschüttert, wenn die Post kommt, er ist tot. So geht es mir und der ganzen Stadt.

> Gestern wurde zum erstenmal Kaiser und Reich aus dem Kirchengebet weggelassen. Illumination – Feuerwerk – . . . aber kein Zeichen der Freude – es sind lauter Leichenbegängnisse."[21]

Vom Sohn, damals sächsisch-weimarischer Geheimer Rat, ist das Wort überliefert, daß ihn der Streit seines Postkutschers mehr interessiert habe als die Nachricht vom Ende des Heiligen Römischen Reiches.

Exkurs II:

Die überwiegende, wohl auch schichtenspezifische, Gleichgültigkeit sollte, auch mit Blick auf die Zielrichtung der Preußischen Reformen, den Schülern deutlich sein. Um dies zu erreichen, kann ein Transfer hilfreich sein.

Mögliche Impulse für ein Unterrichtsgespräch:
- Wie würden wohl heutzutage Menschen sich in ähnlichen Situationen verhalten?
- Weshalb haben Menschen in Süddeutschland trotz Terror und Ausplünderung im Jahre 1806 nicht rebelliert?

Mögliches Gesprächsergebnis:
Passivität und Resignation sind durchaus auch heute denkbar; allerdings würde vermutlich Gleichgültigkeit bei Ereignissen ähnlicher Tragweite nicht mehr festzustellen sein. Vielmehr könnte man wohl eine rege politische Meinungsbildung beobachten.

Unterrichtsschritt 4:
Napoleon: Erneuerung der „Universalmonarchie"?
(Besprechung der Hausaufgabe)

Den Schülern wird ein Zitat diktiert:

> „Napoleon wollte mehr, letzten Endes aber doch weniger, als viele Deutsche 1806 von ihm erhofften. Nicht wenigen Zeitgenossen schien er der legitime Nachfolger Karls des Großen zu sein. Er galt als der Herr ihrer Geschicke und Lenker der Geschichte."[22]

Fragen zur Auswertung des Zitats:
- Was könnte mit der widersprüchlichen Formulierung „mehr/weniger" gemeint sein?

(bzw.:
- Welche Ziele hat Napoleon 1803–1806 verfolgt?)

Unter Einbeziehung der Hausaufgabe kann das Unterrichtsgespräch zu folgenden Ergebnissen führen:
- Viele Deutsche außerhalb Österreichs und Preußens erhofften wohl ein Ende des mehr als zehnjährigen Krieges durch die Errichtung einer neuen staatlichen Ordnung an Stelle des zusammengebrochenen Alten Reiches.
- Sie glaubten, Napoleon werde ein Herrschaftssystem errichten, das in seiner Ausdehnung jenem Karls des Großen gleichen werde: von der französischen Atlantikküste bis zur Elbe.
- Napoleon aber wollte offensichtlich seine Macht darüber hinaus auch auf die übrigen Gebiete des Kontinents ausdehnen.
- Sein Expansionsdrang stieß dabei auf den Selbsterhaltungstrieb der verbliebenen europäischen Mächte: den Regierungen Englands, Rußlands, Österreichs und Preußens.
- Von einer Europapolitik im heutigen Sinne kann man bei Napoleon nicht sprechen. Heute versteht man darunter die Zusammenarbeit gleichberechtigter Staaten. Napoleon aber wollte die Vorherrschaft (= Hegemonie) Frankreichs, das sich seinerseits seinem persönlichem Herrschaftsanspruch zu beugen hatte.

---

21 H. Spies, Die Erhebung gegen Napoleon, S. 1
22 J. Wilms, Nationalismus ohne Nation, S. 62

Quellenauszug
(3. Stunde, Kurzreferat)

Friedrich St. Staps, bekannt durch seinen Versuch, den Kaiser Napoleon I. zu ermorden, wurde am 14. März 1792 zu Naumburg a. d. Saale geboren. Sein Vater war dort Prediger. Seine Vorliebe wendete sich dem Kaufmannsstande zu. Mit Ernst und Ausdauer war er bestrebt, sich nützliche Kenntnisse zu erwerben, so daß er gut vorbereitet im Mai 1806 als Lehrling in Erfurt die erwählte Laufbahn betreten konnte. Er widmete sich ihr mit gutem Erfolg. Daneben trieb er Sprachen, Geschichte, Zeichnen und Musik. Er versuchte sich auch als Dichter. Sein ganzes Wesen zeigte nichts Überspanntes, auch keine Unzufriedenheit mit den bestehenden politischen Verhältnissen. Er war bei aller Welt beliebt und schien durchaus zufrieden zu sein. Dem Schicksal des österreichischen Heeres im Jahre 1809 war er mit regem Interesse gefolgt, ohne aber über ihr endliches Mißgeschick besondere Trauer an den Tag zu legen.
Da verschwand er am 24. September 1809 plötzlich aus Erfurt. Seine Spur war verloren, bis er am 12. Oktober im Vorhof des Schlosses von Schönbrunn in Wien erschien. Ein am 20. September an seine Eltern geschriebener Brief teilt diesen mit, daß er gehe „um zu vollbringen, was ihm Gott geheißen, was er Ihm fürchterlich heilig geschworen habe zu vollbringen". Was es war, sagte er nicht, deutete es auch nicht an. Er war überzeugt, daß er seinen Zweck erreichen werde, daß er aber das eigene Leben zum Opfer bringen müsse.
An jenem 12. Oktober hielt Napoleon eine Parade ab. Der Kaiser war zu Fuß, Generale befanden sich in seiner Nähe. Da drängte sich in auffälliger Weise ein junger Mann heran, der, als er zum zweiten Male versuchte, sich dem Kaiser zu nähern, und von welchem man glaubte, daß er ein Gesuch vorbringen wolle, der Wache übergeben ward. Man fand bei ihm ein scharf geschliffenes Küchenmesser. Auf Befragen erklärte er, daß er damit den Kaiser habe ermorden wollen. Auf weitere Fragen verweigerte er die Auskunft mit dem Hinzufügen, daß er nur dem Kaiser Rede und Anwort stehen könne. Dieser ließ ihn vor sich bringen. Staps wiederholte seine Erklärung, daß er ihn habe ermorden wollen, weil Napoleon das Unglück seines Vaterlandes sei und weil er die Überzeugung hege, durch seine Tat dem letzteren und ganz Europa den größten Dienst zu erweisen. Er sei weder krank noch wahnsinnig. Er wolle keine Gnade und fühle nichts als das tiefste Betrübnis, daß sein Vorhaben mißlungen sei. Wenn er in Freiheit gesetzt würde, dann werde er den Versuch wiederholen. Umsonst versuchte man, mehr aus ihm herauszubringen und Mitschuldige oder Anstifter zu entdecken. Staps wurde am 16. Oktober 1809 in Schönbrunn erschossen. Er starb mit den Worten: „Es lebe die Freiheit! Es lebe Deutschland! Tod seinem Tyrannen!"
Auf Napoleon machten die Unterredung mit Staps und sein Vorhaben einen tiefen Eindruck. Er sah darin das Wirken von Geheimbünden, welche die Gemüter in Deutschland beherrschten, und witterte eine weitverzweigte Verschwörung. Die nächste Folge war, daß er befahl, die Friedensverhandlungen mit Österreich, deren Fortschreiten er bis dahin selbst gehemmt hatte, zu beschleunigen. Daher wurde bereits am 14. Oktober der Friede von Schönbrunn unterzeichnet.[23]

Hausaufgabe:

Bearbeitung eines Quellentexts (Tagesbefehl Napoleons vom 2. 3. 1806; Arbeitsblatt 3)

[23] Allgemeine Deutsche Biographie, Bd. 35, Leipzig 1893, s. v. Staps

Mögliche Kurzreferate:

- Schreibe einen Zeitungsartikel über das Attentat des Friedrich Staps vom 12. Oktober 1809 (Material: Bilder aus der Weltgeschichte Heft 10, S. 64 oder Quellenauszug, S. 35)
- Die Biographie des Andreas Hofer (Material: Lexika, Biographische Wörterbücher)
- Das Schicksal des Majors v. Schill (Material: Lexika, Biographische Wörterbücher)

4. Stunde: Die Entstehung der kontinentalen Hegemonie

Didaktische Vorbemerkung

Die Errichtung des napoleonischen Protektorats über das „Dritte Deutschland" (1805/06) hatte das europäische Gleichgewicht zerstört. In den folgenden Jahren wurden die verbliebenen kontinentalen Mächte in das napoleonische Staatensystem einbezogen. Fast alle europäischen Regionen, von Sizilien bis Finnland und von Portugal bis Polen, waren von diesem Prozeß betroffen.
Die Beschränkung des Unterrichts auf die Erarbeitung der Vorgänge in Preußen, Spanien und Österreich bedarf daher einer Begründung. Die Behandlung der Vorgänge in Preußen bietet die Möglichkeit, exemplarisch die Folgen der Konfrontation eines rückständigen Ständestaates mit einem Staatsapparat aufzuzeigen, der über die Hilfsmittel der modernen bürgerlichen Gesellschaft verfügen konnte. Andererseits sind Kenntnisse über den Zusammenbruch des friderizianischen Staates notwendig, um die Motive zu verstehen, die hinter der Berliner „Revolution von oben", den Preußischen Reformen, standen.
Die Behandlung des gleichfalls noch ständestaatlichen Spanien ermöglicht es zu zeigen, wie sich die Mentalitäten zu Beginn des 19. Jahrhunderts auch außerhalb Frankreichs zu wandeln begannen: von der gegenüber politischen Fragen indifferenten Untertanengesinnung zur Bereitschaft, sich als handlungsfähiges Subjekt zu sehen, das auf die politischen und ökonomischen Rahmenbedingungen seiner Existenz durchaus Einfluß zu nehmen in der Lage sei. Und der österreichisch-französische Krieg von 1809 belegt, daß dieser Wandlungsprozeß auch den deutschen Raum erreicht hatte, daß bestimmte Konstellationen (Bedrohung von außen) dem Prozeß förderlich waren.

Lernziele

Die Schüler erkennen, daß
- Preußen 1807 als europäische Großmacht vernichtet und der französischen Kontrolle unterworfen wurde,
- in Spanien der französischen Intervention mit einer neuen Kriegsform begegnet wurde,
- Voraussetzung dieser neuen Kriegsform die Politisierung der bäuerlichen und städtischen Massen war,
- der Wandel des Bewußtseins größerer Bevölkerungsgruppen auch im deutschen Raum einsetzte.

Die Schüler erarbeiten
- die politische Aussage einer Karikatur von Gillray,
- das Ausmaß der militärischen und politischen Niederlage Preußens.

Die Schüler beurteilen
- am Beispiel des F. Staps die Argumentationsweise des aus politischen Gründen handelnden Attentäters,
- die napoleonische Reaktion auf den Attentatsversuch.

Verlaufsskizze

Unterrichtsschritt 1:
Der französisch-englische Gegensatz

Die Stunde wird mit der Präsentation einer wohl 1805 entstandenen Karikatur eingeleitet. (V-Dia D 41028 Nr. 12; die Karikatur ist auch abgedruckt in: Spiegel der Zeiten, Bd 3, S. 103)

Im Unterrichtsgespräch wird die politische Aussage herausgearbeitet.
Fragen zur Auswertung:
- Wer sind die Dargestellten?
- Wie werden sie kenntlich gemacht?
- Wie verhalten sich die beiden „Speisenden“ zueinander?
- Ergreift der Karikaturist Partei?
- Für welches Publikum wurde die Karikatur gezeichnet?

Erwartete Gesprächsergebnisse:
- Die Dargestellten sind Napoleon, erkennbar u. a. an den blau-weiß-roten Federn seines Hutes, sowie der damalige englische Premierminister (= Pitt der Jüngere, der im Januar 1806 starb).
- Der Brite wurde durch die rote Uniform und durch den auf seinen Stuhl aufgestickten Löwen charakterisiert.
- Napoleon, beinahe zwergenhaft klein, starrt gierig auf die Portion, die er sich abschneidet: Kontinentaleuropa. Pitt wiederum beobachtet seinen Gegenüber mißtrauisch und nimmt sich mit der dreizackigen (!) Gabel derweil ungehindert und unbemerkt die Hälfte der Erdkugel: den Ozean und die überseeischen Gebiete.
- Napoleon ist offensichtlich der Übertölpelte, der nicht einmal sieht, daß er hereingelegt wird.
- Der Karikaturist Gillray wandte sich an ein englisch sprechendes Publikum, dem er die Überlegenheit der Pittschen Politik und die Begrenztheit der französischen militärischen Erfolge auf dem Kontinent darstellen wollte.

Unterrichtsschritt 2:
Der Zusammenbruch Preußens

- War die Karikatur Gillrays „gut“?
- Gab sie die politische Wirklichkeit richtig wieder?
- Wer waren die „Verspeisten“? Wie war ihr Verhältnis zum napoleonischen Frankreich?

Mit diesen, das Unterrichtsgespräch weiterführenden Fragen wird auf die politische Entwicklung Kontinentaleuropas der Jahre 1806 bis 1810 übergeleitet. Dabei wird von der Hausaufgabe (Tagesbefehl Napoleons vom 2. 12. 1806, Arbeitsblatt 3) ausgegangen. Ein Schüler wird zunächst aufgefordert, die im Befehl genannten Flußläufe auf der Wandkarte zu zeigen und den Anlaß der Proklamation zu erläutern.

Erwartete Aussage:
- Die napoleonischen Truppen standen Anfang Dezember 1806 weit im Osten des Königreichs Preußen, in jenen Gebieten, die Ende des 18. Jahrhunderts durch die Teilungen Polens erobert worden waren. Nur Ostpreußen war noch nicht besetzt.
- Die Kampfhandlungen hatten Mitte Oktober (Jena und Auerstedt) begonnen und innerhalb von nur sechs Wochen zur fast völligen Vernichtung der als stärkster Machtfaktor Europas geltenden preußischen Armee und zur weitgehenden Besetzung des Landes, auch der Hauptstadt Berlin, geführt. Nur das Eingreifen der verbündeten russischen Truppen hinderte Napoleon an der raschen Besetzung Ostpreußens, wohin sich der preußische König Friedrich Wilhelm III. und seine Regierung geflüchtet hatten.

Vorschlag für ein Arbeitsblatt
(4. Stunde, Unterrichtsschritt 2, Exkurs)

① Der preußische Leutnant v. Borcke am 13. Okt. 1806 über die preußische Armee:

„Die Mehrzahl der jungen Offiziere, die den Krieg leidenschaftlich wünschten, dachten sich die Sache so leicht, daß es nur des Erscheinens einer Armee gleich der unsrigen bedürfte, die Franzosen zu Paaren zu treiben. Geringschätzung und Haß hatten alle Gemüter, jung und alt, so eingenommen, daß die Generale und höheren Offiziere nie in einem anderen Ton von den Franzosen sprachen, als daß sie zusammengelaufenes Lumpengesindel seien."

(Kleßmann, S. 129)

② Kräfteverhältnisse bei Kriegsausbruch:

Napol. Armee:	177 000 Truppen
	31 000 Rheinbund-soldaten
Preuß./Sächs. Armee:	143 000 Soldaten

(Kleßmann, S. 104ff.)

③ Schlacht von Auerstedt (14. Okt. 1806):

Franz. Truppen:	27 000 Soldaten
Franz. Verluste:	7000 Tote
Preuß. Truppen:	30 000 Soldaten
Preuß. Verluste:	15 000 Tote
	3000 Gefangene

(Kleßmann, S. 141+146)

④ Die preuß. Festungen:

- Erfurt (16. 10.): kampflose Kapitulation von 10 000 Mann; werden wenige Tager später befreit; weigern sich, wieder zu kämpfen
- Stettin (30. 10.): kampflose Kapitulation von 5300 Mann vor 800 franz. Kavalleristen
- Küstrin (31. 10.): kampflose Kapitulation von 2400 Mann
- Magdeburg (8. 11.): fast kampflose Kapitulation von 22 000 Soldaten
- u.a.m.
- Kolberg, Graudenz: Verteidigung, trotz Belagerung, bis Kriegsende

Exkurs:
Das Ausmaß der preußischen Niederlage

In einer Stillarbeitsphase kann das ganze Ausmaß der militärischen und moralischen Niederlage den Schülern deutlich gemacht werden. Materialgrundlage: Vorschlag für ein Arbeitsblatt, s. oben.

Erwartete Arbeitsergebnisse:
- Der rasche Zusammenbruch der preußischen Armee ist vor allem Resultat der völligen Fehleinschätzung des Gegners.
- Das für Preußen ungünstige Kräfteverhältnis hätte mit Hilfe größerer Bündnispartner ausgeglichen werden können. Diese fehlten. (Zusatzinformationen durch den Lehrer: Ein Bündnis mit Rußland war abgeschlossen worden, die russischen Truppen standen aber noch nicht zur Verfügung.)

⑤ Der Stadtkommandant von Berlin, Graf Hatzfeldt, warnte in einer Proklamation vom 19. Okt. 1806 die Berliner Bevölkerung vor den „schrecklichsten Folgen, die der mindeste Widerstand oder irgendein unruhiges Benehmen der Einwohner über die Hauptstadt verbreiten würde. Ich verbiete alles Zusammenlaufen. Unsere Aussichten müssen sich nicht über dasjenige entfernen, was in unseren Mauern vorgeht; dieses ist nur unser einziges höheres Interesse, mit welchem wir uns allein beschäftigen müssen."

(Mehring, Jena und Tilsit, S. 103)

⑥ Der preußische König Friedrich Wilhelm III. an Napoleon am 7. November 1806:

„Es ist süß für mich, mein Herr Bruder, von diesem Augenblick an meinen aufrichtigen Wunsch, sie zu nähren, durch einen Beweis des Vertrauens zu bekunden ... Ich bin von dem wärmsten Wunsche beseelt, daß Ew. Majestät in meinen Palästen in einer Weise empfangen und behandelt werde, die Ihnen angenehm sein muß, und ich habe deshalb eifrigst alle die Maßnahmen getroffen, welche die Umstände gestatten."

(Mehring, a.a.O., S. 105)

Fragen/Arbeitsaufträge:

- Inwiefern entsprach der Kriegsverlauf bis Dezember 1806 den Erwartungen der genannten Offiziere ①?
- Was sagt das militärische Kräfteverhältnis ② über die politische Vorbereitung des Krieges aus?
- Welche Schlüsse lassen die Zahlen ③ zu?
- Vergleiche ① und ④. Beachte dabei, daß die ersten Schlachten in Jena und Auerstedt am 14. 10. stattfanden.
- Welches Verhalten wird von den Menschen in Berlin verlangt ⑤? Wie hat sich die Bevölkerung von Paris 1793 beim drohenden Einmarsch der feindlichen Armeen verhalten?
- Aus welchen Gründen hat Friedrich Wilhelm III. diesen Brief verfassen lassen⑥?
- Wie wirkt dieser Brief auf Dich? Wie hat wohl Napoleon reagiert?

- Der französische Sieg, trotz zahlenmäßig deutlicher Unterlegenheit, sowie die hohen preußischen Verluste, drücken qualitative Unterschiede aus.
- Die zahlreichen kampflosen Kapitulationen sind Ausdruck eines in weiten Teilen der Armee nicht vorhandenen Kampfeswillens.
- Angesichts der französischen Erfolge entsprechende Maßnahmen zur „levée en masse" (1793) durchzuführen, kam offenbar überhaupt nicht in Betracht. Die Bewohner wurden zur Passivität angehalten, auch wenn dies zum Verlust der Hauptstadt mit ihren reichen Waffen- und Munitionsvorräten führen mußte.
- Der Grund für die unaufrichtige Darstellung der Situation (Napoleon sei ein umsorgter Gast) mag der Wunsch gewesen sein, eine günstige Atmosphäre für Verhandlungen zu schaffen. Der plumpe und peinliche Versuch hat die Verachtung verstärkt, die Napoleon für Friedrich Wilhelm III. empfand und zum Ausdruck brachte.

Unterrichtsschritt 3:
Der Friedensvertrag von Tilsit

Durch eine fiktive Pressemitteilung (Tonbandaufzeichnung oder Cassette; vgl. 2. Stunde, Unterrichtsschritt 2) wird über den weiteren Verlauf des Krieges und den Inhalt des Friedensvertrages von Tilsit informiert. In einem Tafelbild (s. Stundenblatt), das in Etappen, entsprechend dem jeweils erreichten Unterrichtsschritt, entwickelt wird, erfolgt die Zusammenfassung.

„Paris, im Sommer 1807.

Die Pressestelle des Kaisers Napoleon gibt bekannt:

1. Wegen des Einmarsches russischer Truppen hat sich die endgültige Vernichtung der Streitkräfte Preußens und die rasche Besetzung Ostpreußens verzögert.
2. Nachdem die französischen Armeen in mehreren Schlachten die Truppen des Zaren besiegt haben, hat Zar Alexander dem Abschluß eines Freundschaftspaktes mit Kaiser Napoleon zugestimmt. Darin wird Rußland der Erwerb Finnlands eingeräumt.
3. Nach dem Friedensvertrag von Tilsit muß Preußen alle Gebiete westlich der Elbe abtreten; ebenso fast alle Gebietsgewinne aus der zweiten und dritten polnischen Teilung.
4. In Preußen verbleibt eine französische Besatzungsarmee bis zur vollständigen Abzahlung einer Kontribution von 41 Millionen Talern. Da Preußen vorläufig diese Summe nicht wird aufbringen können[24], ist damit zu rechnen, daß der Hohenzollernstaat über viele Jahre hinweg der Kontrolle Frankreichs unterworfen bleibt.
5. Preußen ist damit aus der Reihe der europäischen Großmächte ausgeschieden.
6. Aus den polnischen Gebieten hat Kaiser Napoleon das Großherzogtum Warschau gebildet. Dieses wurde mit dem inzwischen in den Rheinbund eingetretenen Sachsen in Personalunion verbunden.“

Unterrichtsschritt 4:
Der Einfall in Spanien

Für eine knappe Darstellung des Eindringens in Spanien und der davon ausgehenden Rückwirkung auf das „Grande Empire“ bietet sich folgender Weg an:
Ausgangspunkt ist der Begriff „Guerillakrieg“ (Nebentafel). Die Schüler werden zu einer Erklärung aufgefordert. Dabei können aktuelle Beispiele herangezogen werden: aus Lateinamerika, dem Nahen Osten oder dem südlichen Afrika. An einem der Beispiele werden im Unterrichtsgespräch die Eigenarten dieser Kriegsform herausgearbeitet.

Lehrerfragen:
- Wie lange dauert der Krieg schon?
- Weshalb haben sich die Regierungstruppen noch nicht durchgesetzt?

Auf der Seitentafel werden die Gesprächsergebnisse gesammelt und geordnet (Beispiel s. S. 41).
Ohne weiteren Hinweis wird nun durch Vorlegen eines Quellentextes (s. Vorschlag für eine Folie, S. 42) auf die Verhältnisse in Spanien im Jahre 1808 übergeleitet.

Fragen zur Auswertung des Quellentextes:
- Wer ist der Autor?
- Welches Bild zeichnet er von den Guerillakämpfern?
- Was sagt er über deren Motive?

Erwartete Interpretationsergebnisse:
- Der Text entstammt den Memoiren eines französischen Offiziers (Gen. Marbot), der hier einen Vorfall aus dem Guerillakrieg in Spanien 1808 schildert.

---

[24] Nach B. Vogel, Allgemeine Gewerbefreiheit, S. 153, betrugen die Staatseinkünfte des Reststaates 11 Millionen Taler.

Vorschlag für ein Tafelbild
(4. Stunde, Unterrichtsschritt 4)

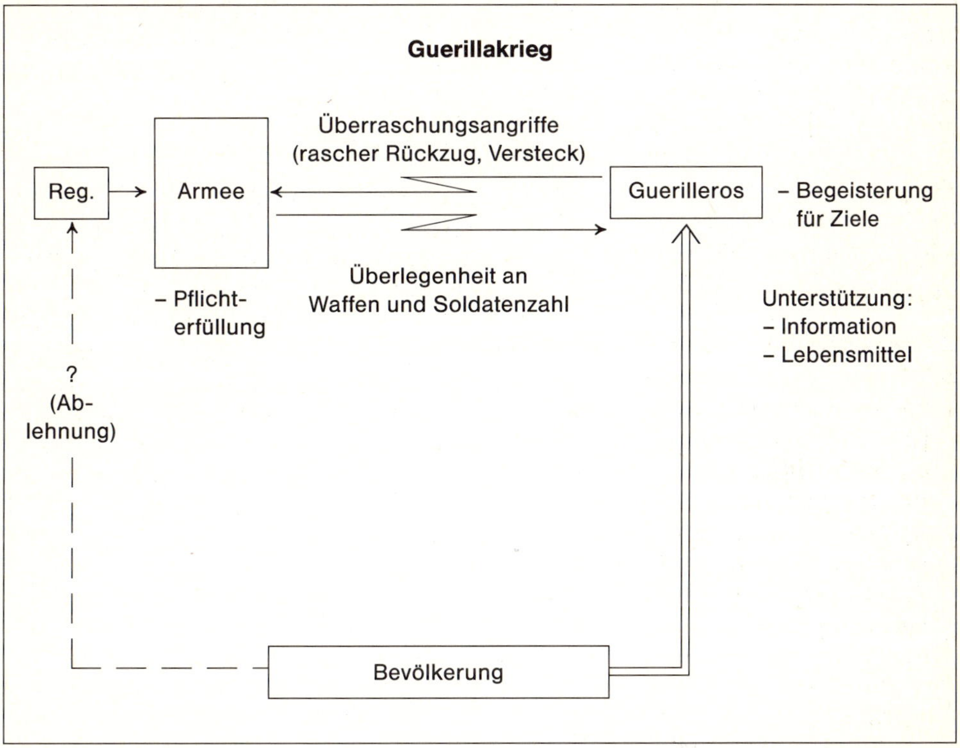

- Die *Guerilleros* kämpften in Kleingruppen, denen gelegentlich sogar Priester und Mönche angehörten, und gingen mit barbarischer Grausamkeit gegen gefangene Franzosen vor. Selbst die Exekutionsandrohung gegen alle bewaffneten Zivilisten hielt sie nicht von dieser Kampfweise ab.
- Über die Motive dieser Spanier schweigt sich der Franzose aus.

Alternative:

Man geht von einem der Kunstwerke des Spaniers F. Goya aus:
- „Die Erschießung der Aufständischen vom 3. Mai 1808“ (Siehe: Spiegel der Zeiten, S. 105; Menschen in ihrer Zeit, S. 90)
- „Der Aufstand in Madrid am 2. Mai 1808“ (Siehe: Das Werden des nat. Staates, S. 96)
- Die Kupferstichreihe „Desastres de la Guerra“ (V-Dia D 41028 Nr. 15 u. 16)

Ein Schüler wird zur Beschreibung des jeweils gewählten Kunstwerkes aufgefordert. Mögliche Hilfestellung des Lehrers:
- Wer sind die Dargestellten?
- Ergreift der Künstler Partei?

Der Lehrer ergänzt die noch fehlenden Informationen und vervollständigt das Tafelbild (Nebentafel, s. oben).

Vorschlag für eine Folie
(4. Stunde, Unterrichtsschritt 4)

Die Schrecken des Guerillakrieges 1808

In Tarazona hört die große Straße auf, und von da an ist der Weg nur noch ein Saumpfad. Der Kommandeur unserer Vorhut verfügte lediglich über Infanterie und einige zwanzig Meldereiter vom 2. Husarenregiment (Chamborant). Er ließ mir ein Truppenpferd und zwei Ordonnanzen geben, wonach ich meine Reise bei hellem Mondschein fortsetzte. Zwei bis drei Stunden mochte ich etwa zurückgelegt haben, als wir Flintenschüsse hörten, deren Kugeln sehr nahe an uns vorbeipfiffen, aber die Schützen, die zwischen den Felsen verborgen waren, konnten wir nicht sehen. Etwas weiter stießen wir auf die Leichen zweier französischer Infanteristen, die erst vor kurzem ermordet sein konnten. Sie waren vollständig ausgeplündert, doch ersah ich aus der Nummer an ihren in der Nähe liegenden Schakos, daß die Unglücklichen von einem Regiment waren, das zum Korps des Marschalls Ney gehörte. Sehr bald aber stießen wir auf ein wahrhaft entsetzliches Bild. Ein noch mit seiner Uniform bekleideter junger Offizier der 10. Jäger zu Pferde war an einem Scheunentor gekreuzigt, und zwar mit dem Kopfe nach unten, und darunter hatten die Unmenschen ein kleines Feuer angezündet. Glücklicherweise hatte ihn der Tod bereits von seinen Qualen erlöst. Da das Blut jedoch noch aus seinen Wunden tropfte, lag es auf der Hand, daß auch dieses Verbrechen erst vor ganz kurzer Zeit begangen sein konnte und daß die Mörder noch in der Nähe sein mußten. Deshalb zog ich meinen Säbel und ließ meine beiden Husaren ihre Karabiner schußfertig machen.
Ein Glück, daß wir auf unserer Hut waren, denn nach wenigen Augenblicken wurden wir von sieben bis acht Spaniern, von denen zwei beritten waren, beschossen. Keiner von uns wurde verwundet, aber meine Husaren streckten jeder einen Feind nieder, worauf sie sich mit dem Säbel in der Faust auf die andern stürzten ...
Gleich darauf erschienen meine Reiter und brachten zwei Spanier mit, einen Kapuziner, der auf dem Pferde des unglücklichen Jägerleutnants saß, und einen Bauern auf einem Maultier. Dieser war mit einem Teile der Uniformstücke der beiden Infanteristen bekleidet, deren Leichen wir vor kurzem gefunden hatten, so daß es eines weiteren Beweises, daß wir die Mörder gefangen hatten, nicht bedurfte. Ein Befehl des Kaisers ordnete an, daß jeder mit den Waffen in der Hand ergriffene Zivilist sofort und unerbittlich erschossen werden solle. Was konnten wir außerdem mit diesen Spitzbuben auch anfangen, die beide schon schwer verwundet waren und die eben drei Franzosen in so barbarischer Weise ermordet hatten? Indessen hatte ich keine Lust, Zeuge der Hinrichtung zu sein, weshalb ich einige Schritte weiter ritt, während die Husaren den Mönch und den Bauern erschossen ...[25]

Unterrichtsschritt 5:
Die Lage in Spanien

Zur Vermittlung der Informationen über den politischen Kontext der napoleonischen Intervention auf der Iberischen Halbinsel wird ein fiktiver Dialog zwischen Napoleon und seinem Bruder Joseph vorgeschlagen. Dieser wird von zwei Schülern vorgetragen.

[25] nach: W. Lautemann, Amerikanische u. Französische Revolution, S. 588f.

Paris, im Herbst 1808

Joseph, König von Spanien:
Mein Bruder, ich brauche dringend noch mehr französische Truppen in Spanien. Meine Macht beschränkt sich nur auf Madrid. Selbst dort bin ich bedroht. Im Juli haben Aufständische Deine Truppen in der Festung Bailen zur Kapitulation gezwungen. Weitere Niederlagen sind fast nicht mehr vermeidbar.

Napoleon:
Deine Unfähigkeit schreit zum Himmel! Ich habe die Österreicher, die Preußen, die Russen besiegt. Ich habe fast den ganzen Kontinent erobert. Und Du? Du kannst dich nicht einmal mit Hilfe meiner Generale durchsetzen!

Joseph:
So einfach ist das nicht. Wir kämpfen nicht gegen Soldaten. Wir kämpfen gegen das ganze Volk! Bauern, Priester, Frauen und Kinder schießen auf unsere Truppen. Hinter jedem Busch, hinter jeder Straßenecke droht uns Gefahr. Und fast nie können wir sie fassen, wenn wir angreifen. Sie verschwinden sofort.

Napoleon:
Weshalb habt ihr es überhaupt soweit kommen lassen?

Joseph:
Nachdem Du den Streit in der spanischen Königsfamilie benutzt hast, um mir diese Krone zu geben, hat sich alles im Lande verändert. Überall stoße ich auf Widerstand. Mönche und Priester werfen meiner Regierung Feindschaft gegenüber der Kirche und dem katholischen Glauben vor. Die Adeligen sprechen nur noch von der Arroganz und dem Terror meiner Beamten und der französischen Besatzungstruppen. Überall wird zum Aufstand geschürt. In vielen Provinzen werden Waffen an Bauern und Handwerker verteilt.

Napoleon:
Woher kommen diese Waffen? Wer bezahlt dafür?

Joseph:
Dahinter stecken die Engländer. Englische Schiffe landen an den Küsten und bringen Waffen. Englische Agenten reisen durch das Land. Vor kurzem sind auch englische Truppen gelandet, um die Aufständischen zu unterstützen.

Vorlesetext
(4. Stunde, Unterrichtsschritt 5, Exkurs)

Die finanziellen Folgen des Spanischen Krieges

Bis 1809 hatte Napoleon seinen triumphalen Aufstieg dadurch finanziert, daß er die Beute eines besiegten Feindes verwendete, einen anderen anzugreifen, um ihn seinerseits wieder zu berauben. Mit Ausnahme seines Einfalls in Spanien waren alle seine vorausgegangenen Feldzüge so kurz und ergiebig, daß nach Abzug aller Kriegskosten immer noch ein Schatz übrig blieb, mit dessen Hilfe er die Rekruten des nächsten Jahres ausrüsten und sie in Frankreich unterhalten konnte, bis sie in den Kampf zogen. Aber indem er sie über die Pyrenäen führte, hat er sich in ein so kostspieliges Unternehmen gestürzt, daß er, anstatt wie bisher bei jedem Feldzug 250 Millionen Francs zu gewinnen, ungeheure Summen zahlen mußte, was den Gewinn sofort in Verlust, die Einnahmen in Ausgaben verwandelte.

(Francis d'Ivernois, Napoléon administrateur et financier, Genf 1812; zit. nach Tulard, Napoleon S. 389f.)

Exkurs:

Den Schülern wird die Analyse des Genfer Nationalökonomen d'Ivernois vorgelesen (s. S. 43).

Fragen zur Auswertung:
1. Was hat wohl der Autor von Napoleons Behauptung (1816) gehalten, er sei stets der Angegriffene gewesen?
2. Kampfesweise und Kriegsverlauf in Spanien stellten Napoleon vor neuartige Probleme? Was war noch außergewöhnlich?

Erwartete Ergebnisse:
- Die Finanzierung der napoleonischen Kriege bis 1809 widerspricht der Behauptung von 1816. Der französische Kaiser erscheint vielmehr als planmäßig vorgehender Aggressor.
- Napoleon konnte die Kosten nicht mehr dem besiegten Staat aufbürden. Vielmehr mußte er die hohen Summen für diesen Krieg von den französischen Steuerzahlern und/oder seinen Verbündeten zusätzlich zu den laufenden Zahlungen fordern.

Unterrichtsschritt 6:
Der Sieg über Österreich

Ein Schüler liest den von ihm geschriebenen „Zeitungsartikel" (Hausaufgabe) über den Attentatsversuch des achtzehnjährigen Kaufmannsgehilfen Friedrich Staps vom 12. Oktober 1809 vor.
Als Anreiz zur Diskussion der implizierten Problematik des politisch motivierten Mordes können folgende Fragen behilflich sein:
- Welche Informationen wollen die „Leser" noch haben?
- Was ist von den Argumenten und vom Tun des Friedrich Staps zu halten?

Der wohl von den Schülern kontrovers geführten Diskussion schließen sich gegebenenfalls Kurzreferate zur Biographie von Andreas Hofer und Major v. Schill (oder Oberst v. Dörnberg) als zusätzliche Information an.
Die Ergebnisse werden dann vom Lehrer zusammengefaßt und dabei der Inhalt des Friedensvertrages von Schönbrunn durch Vervollständigung des Tafelbildes (s. Stundenblatt) festgehalten.

Unterrichtsschritt 7:
Ergebnissicherung

Abschließend wird das im Unterricht entwickelte Tafelbild problematisiert.
- Was hielt Gillray von seiner eigenen Karikatur an der Jahreswende 1809/10?

Erwartete Antworten:
- Napoleon beherrschte jetzt tatsächlich weitgehend den europäischen Kontinent. Allerdings war Spanien nur zum Teil unterworfen, und der französische Staat verfügte über keine geeigneten Machtmittel, um sich dort durchzusetzen. Auch von einer französischen Beherrschung des Zarenreiches konnte man nicht sprechen, obgleich Napoleon Rußland 1807 besiegt und zu einem Friedensvertrag gezwungen hatte.

Vorschlag zu einem Schülerkurzreferat zur 5. Stunde:

„Der Feldzug gegen Rußland 1812/13"

Materialien:
W. Trog, Napoleon und der Aufstand Europas (= Bilder aus der Weltgeschichte Heft 10)
E. Klessmann, Napoleons Rußlandfeldzug in Augenzeugenberichten

Hausaufgabe:

Arbeitsblatt 4:
„Das Berliner Dekret Napoleons vom 21. November 1806"

5. Stunde
Der Wirtschaftskrieg gegen England

Didaktische Vorbemerkung

Das Reizwort „Schmuggel“ soll für den Einstieg in ökonomische Fragestellungen motivieren. Dies erscheint schon deshalb geboten, da für das komplexe Thema der Industriellen Revolution so thematisch und methodisch Vorarbeit geleistet werden kann.
Die Kontinentalsperre, auf die über die Hausaufgabe und den ersten Unterrichtsschritt hingeleitet wurde, war nur ein Aspekt napoleonischer Wirtschaftspolitik. Ihre Zielsetzung war es, den Inselstaat mit den Mitteln der Handelspolitik zu unterwerfen. Daneben aber strebte das französische Kaiserreich auch die Neustrukturierung der kontinentalen Wirtschaftsbeziehungen an. Die politisch-militärische Hegemonie sollte durch eine entsprechende wirtschaftliche Vormachtstellung abgesichert werden. Beide Zielsetzungen betrafen Mitteleuropa. Absatzkrisen und Firmenzusammenbrüche machten dies bald deutlich. Insgesamt aber war es in dieser Periode „um den deutschen Handel nicht so schlecht bestellt ... wie es die ältere Forschung angenommen hat“.[26] Der Zusammenbruch der „Atlantischen Wirtschaft“ (Crouzet) gab den Regionen am Rhein und an der Elbe (Sachsen/Böhmen) eine unverhoffte Chance. Der Aufschwung der dortigen gewerblichen Wirtschaft wird in dieser Unterrichtsphase nicht verfolgt. Er gehört eher in den Themenbereich der Frühindustrialisierung Deutschlands bzw. Mitteleuropas.
Napoleons Rußlandfeldzug jedoch gehört in den Zusammenhang seines Wirtschaftskrieges gegen England. Deshalb wird die Behandlung hier vorgeschlagen. Bekanntlich entschloß sich der Zar, es nicht bei der Vertreibung der Invasoren bewenden zu lassen. Mit dem russischen Vormarsch nach Polen und Deutschland im Januar 1813 gewann der Kriege eine neue Qualität („Befreiungskrieg“). Die Weiterexistenz der napoleonischen Staatenordnung stand nunmehr zur Diskussion. Dieses Resultat des napoleonischen Rußlandfeldzuges wird erst in der 10. Stunde thematisiert.
Im dritten Unterrichtsschritt ist vorgesehen, daß die Schüler in arbeitsteiliger Gruppenarbeit durch Auswertung von statistischem Material die Auswirkungen der Kontinentalsperre selbst erarbeiten. Dies dient nicht nur dem erwünschten Medienwechsel. Vielmehr wird von der Beobachtung ausgegangen, daß Schülern der Sekundarstufe I der sinnvolle Umgang mit Zahlenreihen meist schwerfällt. Die Auswertung muß erlernt und geübt werden.
Das instrumentelle Lernziel ist dann in etwa erreicht, wenn Schüler dieser Altersstufe in künftige Statistikanalysen mit folgenden Ausgangsfragen „einsteigen“:
- Zu welcher Fragestellung geben die Daten Auskunft?
- Lassen sich beim (vertikalen und/oder horizontalen) Lesen der Zahlenreihen auffallende Veränderungen feststellen?
- Wie können festgestellte Veränderungen bzw. Extremwerte erklärt werden?

Lernziele

Die Schüler erkennen,

- daß auf die Kontinentalsperre mit Schmuggelei in großem Umfang reagiert wurde,
- daß die französische Verwaltung auf den Schmuggel mit Terror reagierte.

[26] Fehrenbach, Vom Ancien Régime, S. 95

Vorschlag für einen Lesetext
(5. Stunde, Unterrichtsschritt 1)

„Es ist Johann Behrens, Arbeitsmann, geboren und wohnhaft zu Hamburg, alt 50 Jahre, groß 1 Meter 57, hat braune Haare und Augenbrauen, breite Stirn, graue Augen, gewöhnliche Nase, längliches Gesicht, welcher, selbst gegenwärtig, beschuldigt und überführt worden, wissentlich die Ausführung einer Unternehmung des Schleichhandels begünstigt zu haben, indem er, für Rechnung eines Anderen, den er durchaus zu nennen verweigert, 351 Kilogramm Zucker und 168 Kilogramm Kaffee ins französische Gebiet eingeführt hat, zu 10 Jahren Zwangsarbeit, zur öffentlichen Brandmarkung mit den Buchstaben V. D. (volente Deo. d. h. durch Gottes Willen) und zu einstündiger Ausstellung am Pranger auf einem öffentlichen Platze zu Hamburg ... verurteilt worden, in Anwendung des Artikel 15 des Kaiserlichen Decrets vom 18. October 1810."

„Es sind Johann Hinrich Faber, Tagelöhner, wohnhaft zu Bremen, alt 46 Jahre, Christian Zufall, Hühnerhändler, wohnhaft zu Bremen, alt 46 Jahre, welche beide anwesend, beschuldigt und überführt worden, das Verbrechen des Schleichhandels mit Zusammenrottierung und bewaffneter Hand begangen zu haben, indem sie einer Versammlung von mehr als drei Personen beigewohnt haben, welche mit quetschenden Instrumenten ... zwei Zöllner, die sich ihrer beabsichtigten Einführung mehrerer Ballen Blätter-Tabak widersetzten, verwundet haben, zum Tode verurteilt worden."[27]

Zusatzinformation:
„Brandmarkung, Freiheitsstrafen, Verschickung auf französische Galeeren, die Todesstrafe hatte nicht die beabsichtigte Wirkung. In Hamburg und an der ganzen Küste wurde weitergeschmuggelt. Wer nur ein einziges Pfund Kaffee aus dem damals dänischen Holstein unentdeckt nach Hamburg brachte, hatte einen Tagesverdienst gewonnen. Ganze Wagenladungen gemahlenen Rohrzuckers wurden als „Sand" durch die Stadttore nach Hamburg gebracht. Und so mancher Sarg, der durchs Tor schaukelte, enthielt alles andere als einen Toten. Über sechshundert Frauen, meist Köchinnen, Dienstmädchen oder mittellose Witwen schmuggelten berufsmäßig. Sie standen in festem Dienst bei Hamburger Kaufleuten".[28]

Die Schüler bearbeiten
- eine Darstellung über den ökonomisch-politischen Zusammenhang der Kontinentalsperre (= Hausaufgabe),
- Zahlenreihen zu den Auswirkungen der Kontinentalsperre.

Die Schüler beurteilen
- die Auswirkungen der Kontinentalsperre,
- die sozialen Wirkungen des „Schwarzen Marktes".

Verlaufsskizze

Unterrichtsschritt 1:
Der Schmuggel

Den Schülern werden zwei Quellen (s. oben) zur Lektüre vorgelegt. Hinzugefügt wird, daß es sich hierbei um Nachrichten aus Hamburger Zeitungen des Jahres 1811 handelt.

[27] nach: F. Lynder, Spione in Hamburg, S. 99f.
[28] a.a.O., S. 100f.

Vorlesetext
(5. Stunde, Unterrichtsschritt 1)

> **Das Geschäft mit der Schmuggelware**
>
> Gegen den Schmuggel wurden 1810 Sondergerichte eingesetzt. Zollbeamte, die sich jetzt noch bestechen ließen, riskierten Zuchthausstrafen bis zu zehn Jahren und in schweren Fällen die Todesstrafe. Überall in Napoleons Machtbereich liefen Polizeiaktionen an, die nach englischen Waren fahndeten. Berühmt berüchtigt ist das Exempel, das Napoleon in Frankfurt statuierte. In der Nacht vom 18. auf den 19. Oktober rückten Truppen in die Stadt ein, und am nächsten Morgen erlebten mehr als zweihundert Frankfurter Kaufleute die Konfiszierung ihrer Waren, die auf dem Marktplatz öffentlich verbrannt wurden. Auf die Dauer konnten solche brutalen Methoden jedoch nur dazu beitragen, die Empörung der verbündeten Regierungen und den Haß der Bevölkerung auf die „Fremdherrschaft" zu schüren. Der Schmuggel ließ sich jedenfalls nicht unterdrücken. In Frankfurt, Hamburg und Leipzig florierte nach wie vor der Schmuggelhandel; ganze Dörfer entlang der Rheingrenze lebten vom Schmuggelgeschäft. Durch Freiburg z. B. rollten im August 1810 täglich dreihundert bis vierhundert Wagen voll beladen mit Zucker, Kaffee und Baumwolle. In Nürnberg, Augsburg und Regensburg wurden große Lager mit britischen Waren angelegt. Für manche Beteiligten war das Schmuggelgeschäft so profitabel, daß sehr große Vermögen verdient wurden. Die Rothschilds sind das bekannteste Beispiel. Der Kölner Bankier Abraham Schaafhausen konnte es sich leisten, für 100000 Francs Strafgelder zu zahlen, ohne daß offenbar seine Geschäfte darunter litten. In Preußen nutzte sogar die Regierung die Situation aus. Sie gab die beschlagnahmten englischen Waren gegen hohe Lizenzgebühren wieder frei und nahm auf diese Weise von 1810 bis 1812 etwa zwölf Millionen Taler ein, mit denen das preußische Reformheer finanziert wurde.
>
> (E. Fehrenbach, Vom Ancien Régime, S. 92 f.)

Der „Einstieg" in das Unterrichtsgespräch kann über folgende Fragen erfolgen:
- Welcher Schicht gehörten die bestraften Schmuggler an?
- Warum nahmen sie das Risiko in Kauf?
- Vergleiche die Strafen für Zollvergehen von damals mit den heute üblichen.
- Wer hat die Bestrafung angeordnet und durchgesetzt?

Erwartete Schülerbeiträge:
- Tagelöhner, Krämer und Dienstboten nahmen vermutlich aus Gewinnstreben das Risiko auf sich. Nur Angehörige der vermögenderen Schichten, d. h. des Bürgertums, konnten sich die erheblich verteuerten, nicht lebensnotwendigen Kolonialwaren leisten.
- Die Strafen wurden aufgrund französischer Gesetze („Kaiserliches Dekret vom 18. 10. 1810") verhängt.

Notwendige Zusatzinformation durch den Lehrer:
Auf Befehl Napoleons waren im Jahre 1810 Holland, die deutsche Nordseeküste und Lübeck in das französische Kaiserreich einverleibt worden.

Alternative:

Besprechung von bildlichen Darstellungen in den Unterrichtswerken:
Zeiten und Menschen 3, S. 47; erinnern und urteilen 3, S. 44; Geschichte und Geschehen 9, S. 92; Das Werden des nationalen Staates, S. 91
oder: V-Dia D 41028 Nr. 18 (= Verbrennung englischer Waren in Hamburg 1812)

Dia-Beschreibung:
In einem großen Feuer werden zahlreiche Kisten und Ballen verbrannt. Truppen bewachen den Scheiterhaufen. Einige Zivilpersonen (Beamte) führen die Warenvernichtung durch.

Mögliche Fragen zur Auswertung:
- Wer sind die Dargestellten?
- Was wollte der Künstler aussagen?

Mögliche Zusatzinformationen:
Text „Das Geschäft mit der Schmuggelware" (s. S. 47)

Unterrichtsschritt 2:
Die Kontinentalsperre

Die sich aus den Texten (bzw. Bildern) ergebende Frage nach den Intentionen der französischen Politik wird an der Tafel festgehalten:
- Weshalb erließ die französische Verwaltung brutale Strafen gegen den Schmuggel von Kaffee, Tabak und Zucker?

Die Schüler werden, ausgehend von der Hausaufgabe, feststellen, daß dies im Zusammenhang mit dem Berliner Dekret Napoleons vom November 1806 stehe. Zur weiteren Beantwortung werden nun die Auswertungsfragen zur Hausaufgabe herangezogen.

Zunächst wird man Klarheit über die im Text verwandte Terminologie schaffen:
- Dekret: schriftliche Entscheidung eines Herrschers,
- Festlandsdegen: bildlicher Ausdruck, im 19. Jahrhundert gebräuchlich für die Kontinentalmächte, die Kriege zu Land im Interesse der Seemacht England führten,
- Kaperkrieg: Beschlagnahme feindlicher Handelsschiffe, auch durch Privatpersonen,
- Regime: hier = Regierung.

Mögliche Antworten auf die Fragen der Hausaufgabe:
- Die englische und die französische Regierung suchten nicht nur sich gegenseitig zu schädigen, sondern auch die Kaufleute und Reeder der anderen Seite zu ruinieren. Durch Vernichtung der Konkurrenz konnten so Vorteile für die eigenen Kaufleute entstehen.
- Dritte Staaten und ihre Angehörigen wurden von beiden Seiten nicht geschont. England nutzte seine seit 1805 nicht mehr herausgeforderte Seeüberlegenheit, um seiner Handelsflotte fast ein Transportmonopol zu verschaffen. Frankreich wiederum warf mit seinen Heeren die benachbarten Landmächte nieder.
- Durch die Unterbrechung des Handels mit dem europäischen Festland sollten die englischen Kaufleute ihrer wichtigsten Märkte beraubt und dadurch in eine Krise oder gar in den Bankrott getrieben werden. Davon konnte Napoleon Auswirkungen auf die englische Regierung erhoffen: geringere Steuereinnahmen würden ihr die Kriegführung gegen Frankreich erschweren und die finanzielle Unterstützung antifranzösischer Mächte ganz oder teilweise unmöglich machen.

Diese Ergebnisse werden zusammenfassend in Form eines Tafelbildes (s. Stundenblatt) festgehalten.

Unterrichtsschritt 3:
Die Auswirkungen der Kontinentalsperre

Die wirtschaftlichen Folgen des Berliner Dekrets vom November 1806 stellen die Schüler in arbeitsteiliger Gruppenarbeit fest.

Material: Arbeitsblatt 5. Sinnvoll ist es, insgesamt zehn Kleingruppen zu bilden, wobei jeweils zwei Gruppen unabhängig voneinander das gleiche Material bearbeiten. Die Arbeitsergebnisse werden vor dem Plenum referiert und vom Lehrer an der Tafel zusammengestellt (s. Stundenblatt).

Erwartete Ergebnisse:

Gruppe I: Die englischen Ausfuhren in die deutschen Kleinstaaten gingen 1807 drastisch zurück. Allerdings erreichten sie 1809 etwa wiederum die Größenordnung, die vor 1803 üblich gewesen war. Nach 1809 fielen die Ausfuhren erneut stark. Für Preußen verlief die Entwicklung ähnlich. Das Einfuhrverbot zeigte also Wirkung, jedoch nicht 1809/10.
Nach 1807 stellte die englische Regierung die finanzielle Unterstützung antinapoleonischer Fürsten bis zum Jahre 1813 weitgehend ein. Im Jahre 1814 wurde der höchste Betrag im untersuchten Zeitraum ausbezahlt.

Gruppe II: Die Kontinentalsperre wirkte sich auf die Ausfuhren nach England sowohl bei den Kleinstaaten als auch bei Preußen aus. Die Jahre 1809/10 zeigten wiederum erhebliche Zuwächse, die allerdings danach einem Rückgang des Handels wichen.
Die preußischen Ausfuhren lagen 1804/5 erheblich über dem der deutschen Kleinstaaten. Dies kann durch die Kriege in Süddeutschland erklärt werden. Norddeutschland blieb bis zum Sommer 1806 neutral. Der erhebliche Rückgang der preußischen Ausfuhren nach 1805 hat seine Ursache im Krieg gegen Napoleon und in der Halbierung des preußischen Staatsgebietes im Frieden zu Tilsit vom Juli 1807.

Gruppe III: In den Jahren 1800 bis 1803 erreichten die Exporte die höchsten Werte (Ausnahme: Wolle 1806, Bohnen 1809). Die niedrigsten Umsätze wurden 1812/13 erzielt (Ausnahme: Weizen 1808).
In den Jahren 1807/08 gingen die Ausfuhren bei den meisten Produkten erheblich zurück, um dann bis 1810 wieder anzusteigen. Danach erfolgte 1811/12 ein erneuter Rückgang.
Die Kontinentalsperre wurde offenbar nach Verkündigung rasch wirksam, konnte aber 1809/10 nicht mehr voll durchgesetzt werden. Vermutlich wurden ab 1811 wieder erhebliche Anstrengungen zu ihrer Respektierung unternommen.

Gruppe IV: Die Preise erreichten 1803 (Hafer bereits 1802) einen Tiefstand. Umgekehrt erreichten auch fast alle Produkte zur gleichen Zeit, im Jahre 1812, einen Höchststand (Ausnahme: Hülsenfrüchte erst 1813). Ab 1807 stiegen die Preise der Agrarprodukte (Weizen 1808) stetig bis 1809/10 an. Das Jahr 1811 brachte einen allgemeinen geringfügigen Preisrückgang. Das Jahr 1812 (Hülsenfrüchte 1813) brachte einen Höchststand seit Jahrhundertbeginn.
Bis 1815 fielen die Preise wieder rasch und erreichten fast wieder die Niedrigstpreise von 1802/3.
Die britischen Erzeuger dieser Produkte konnten auf den Inlandsmärkten starke Gewinne erzielen. Die Käufer aber mußten, bei gleichbleibendem Einkommen, Vermögensverluste oder gar Verarmung hinnehmen. Dies konnte zu Spannungen führen.

Gruppe V: Nach 1802 waren die Einfuhren aus Frankreich stets, und z. T. erheblich größer als die deutschen Ausfuhren (Ausnahme: 1813). Die Kontinentalsperre wirkte sich, was den Warenumfang anbelangt, wenig auf den deutsch-französischen Handel aus. Dies mußte Folgen haben. Der Wegfall des englischen Absatzgebietes konnte *nicht* durch Steigerung der Ausfuhren nach Frankreich ausgeglichen werden.

Vorschlag für eine Folie
5. Stunde, Unterrichtsschritt 3

Deutschlands Handel mit England 1800–1812

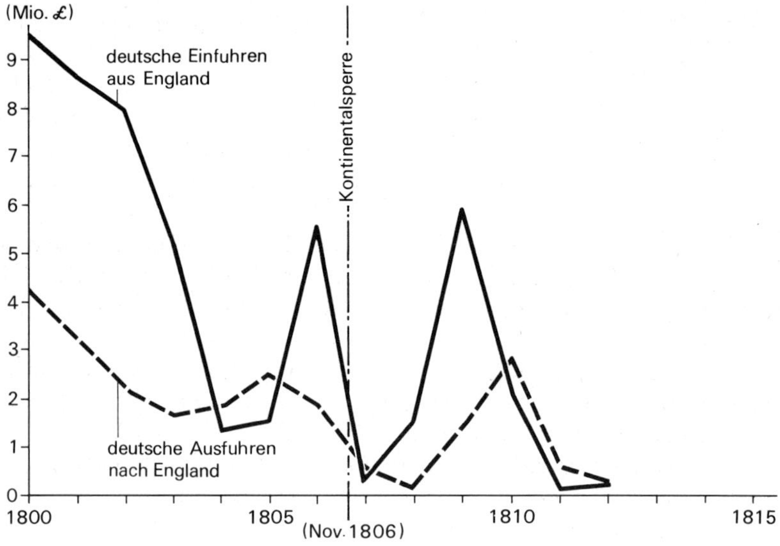

Vorschlag für eine Folie
(5. Stunde, Unterrichtsschritt 3)

Deutschlands Handel mit Frankreich 1800–1815

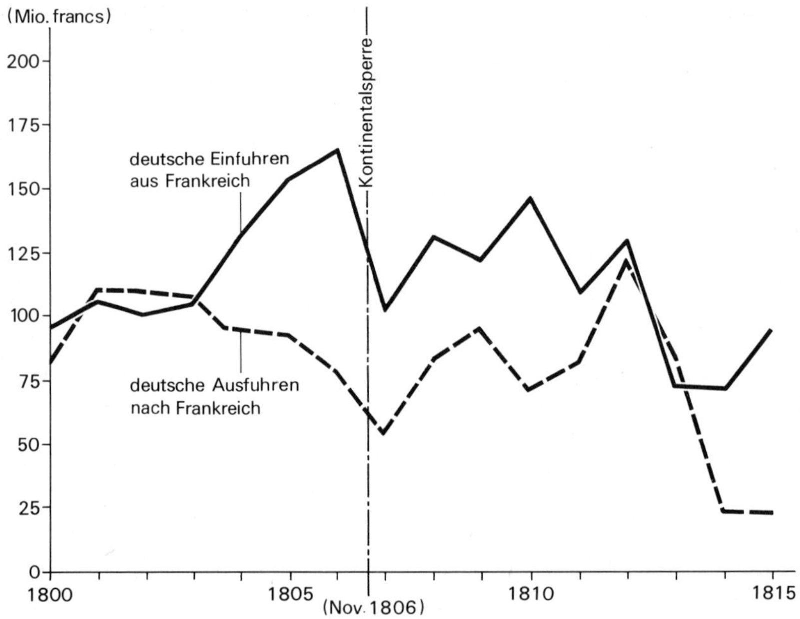

Alternative:

Sollte, etwa aus Zeitmangel, die vorgeschlagene Gruppenarbeit nicht durchführbar sein, dann muß zumindest im Unterrichtsgespräch eine Interpretation der Schaubilder zur Entwicklung des deutschen Außenhandels mit England und Frankreich erfolgen. Vgl. hierzu die vorgeschlagenen Folien, s. S. 50.

Unterrichtsschritt 4:
Der Feldzug nach Rußland

Im Lehrervortrag werden die sich aus der Kontinentalsperre ergebenden weiteren politischen Entwicklungen knapp skizziert:
Unter der Absatzkrise für landwirtschaftliche Produkte litten nicht nur vor allem die norddeutschen und ostdeutschen Großbetriebe. Ebenfalls betroffen vom Verlust des englischen Marktes waren die großen Landgüter in Polen und Rußland und auch die größeren marktorientierten Bauern in Frankreich. Insbesondere der Zar geriet immer stärker unter Druck des russischen Adels, der unter dem Verlust der Einkünfte aus den Getreideexporten litt. Als Napoleon dazu überging, einzelnen Händlern den Verkauf von französischem Weizen gegen Lizenzgebühren nach England zu gestatten, hob der Zar zum 31. 12. 1810 die Kontinentalsperre für die russischen Häfen auf. Um den Zusammenbruch der ökonomischen Blockade zu verhindern, beschloß Napoleon, das Zarenreich mit militärischen Mitteln zur Einhaltung der Sperre zu zwingen. Im Juni 1812 fiel die *Grande Armée* mit 610000 Soldaten in Rußland ein.
Über den Verlauf des Feldzuges wird durch ein Schülerreferat informiert. Dabei sollten folgende Fakten Erwähnung finden:
- die nationale Zusammensetzung der *Grande Armée*: nur 220000 Franzosen, 180000 Deutsche, 90000 Polen u. a.,
- der Brand Moskaus im September 1812,
- die russische Verweigerung von Friedensverhandlungen,
- der Rückzug der *Grande Armée* und ihr Zustand bei Erreichen der polnischen Ostgrenze: ca. 400000 Gefallene, 100000 Soldaten in russischer Kriegsgefangenschaft, völlige Auflösung der von Kosaken und Partisanen permanent attackierten Einheiten.

Teil 2: Reformen

6. Stunde: Das Königreich Westfalen

Didaktische Vorbemerkung

Das Königreich Westfalen war nur eine ephemere Erscheinung in der deutschen Geschichte. Im Sommer 1807 von Napoleon projektiert, seit November 1807 in Existenz, zerfiel es bereits wieder im Oktober 1813. Dennoch empfiehlt es sich, dieses Gebilde in die Unterrichtseinheit einzubeziehen. Am Staate König Jerômes läßt sich zeigen, daß der Rheinbund mehr war als eine „große Napoleonische Präfektur“ (L. Häusser), d. h. ein Magazin zur materiellen und personellen Ausrüstung der *Grande Armée.* Die neuere Forschung ist sich darin einig, daß der Protektor des Rheinbundes auch auf die inneren Strukturen der abhängigen Staaten im Sinne der Modernisierung Einfluß zu nehmen gedachte. Die Vernichtung ständegesellschaftlicher Strukturen und die Einführung der im *Code Napoléon* fixierten bürgerlichen Ordnung sollte der „soziale(n) Absicherung der imperialen Macht“[29] dienen. Die Reformen wurden aber nur stark modifiziert und bruchstückhaft verwirklicht. In den süddeutschen Staaten trug dazu der Widerstand des Adels erheblich bei: „Die traditionale Gesellschaft mit dem revolutionären Recht auf dem Wege der Reform in Einklang zu bringen, kam der Quadratur des Zirkels gleich.“[30]
Doch es gab noch weitere Gründe, die der Durchsetzung der neuen Ordnung hinderlich waren. Am Modellstaat Westfalen kann leicht einsichtig gemacht werden, daß von Anfang an neben der Durchführung bürgerlicher Reformen die finanzielle Nutzung der Ressourcen der Satellitenstaaten intendiert war und letzteres zunehmend die Reformpolitik blockierte.
So bescheiden auch die realisierten Reformen blieben, so zeigt doch Westfalen deutlich die Abhängigkeit der Modernisierung im rheinbündischen Deutschland von der Entwicklung jenseits des Rheines. Dies sollte den Schülern verdeutlicht werden. Denn nicht wenige Lehrwerke erwecken, in der Tradition der borussischen Geschichtsschreibung, den Eindruck, als ob im „Dritten Deutschland“ nennenswerte Reformen nicht stattgefunden hätten und die preußische Reformpolitik ab 1807 weitgehend eigenständig, jedenfalls nicht in direktem Zusammenhang mit Frankreich stehend, gewesen sei.

Die Reformen im westlichen Deutschland wurden durch die Übernahme des *Code Napoléon* eingeleitet. Die unterrichtliche Erarbeitung der dort enthaltenen Rechtsfiguren ist ein zeitaufwendiges Unterfangen. Sinnvoller ist es, sich auf die Auswirkungen, die sozio-ökonomischen Umwälzungen, zu beschränken. Hierbei wird eine Konzentration auf wenige Komplexe vorgeschlagen. Es sind dies jene Felder, die in Napoleons Begleitbrief zur westfälischen Verfassung direkt angesprochen werden. Ausgeklammert werden daher die Verwaltungsreform in Westfalen, die Einführung der Gewerbefreiheit (= Abschaffung des Zunftwesens), das Konskriptionssystem, und die Gleichstellung der Religionen (= Emanzipation der Juden). Ebensowenig wird auf das Problem der Ablösbarkeit des adeligen Obereigen-

[29] Fehrenbach, Vom Ancien Régime, S. 176
[30] a.a.O.

tums am Boden eingegangen. Diese Aspekte werden in den nachfolgenden Stunden zu den Preußischen Reformen angesprochen.

Lernziele

Die Schüler erkennen
- den Zusammenhang zwischen der angestrebten sozio-ökonomischen Ordnung Westfalens und deren Stellenwert in der Außenpolitik Napoleons,
- die innenpolitischen Folgen der finanziellen Ausplünderung des Königreichs Westfalen.

Die Schüler erarbeiten
- die Reformpläne Napoleons für das Königreich Westfalen,
- die Diskrepanz zwischen dem angekündigten Umfang der Reformen und der Realisierung dieser Reformen.

Die Schüler beurteilen
- die Interessenlagen der verschiedenen sozialen Gruppen im Kontext der intendierten westfälischen Reformen,
- die Akzeptanz der Politik Jerômes durch die Bewohner des neuen Königreiches.

Verlaufsskizze

Unterrichtsschritt 1:
Die beabsichtigten Reformen

Die Stunde wird mit einer Stillarbeitsphase eingeleitet. Zugrunde liegt das Begleitschreiben Napoleons zur Verfassungsurkunde des Königreichs Westfalen (Arbeitsblatt 6), die in Paris ausgearbeitet worden war. Die von den Schülern erarbeiteten Antworten werden im Unterrichtsgespräch verglichen.

Erwartetes Arbeitsergebnis:
- Napoleon setzte in den 1806/07 eroberten Gebieten in Norddeutschland Fürsten ab und bildete dort einen neuen Staat, das Königreich Westfalen.
- Er setzte seinen jüngeren Bruder Jerôme als König ein, allerdings unter bestimmten Bedingungen. Jerôme hatte der Außenpolitik des Kaisers zu folgen. Außerdem hatte er die übersandte Verfassung einzuführen, d. h. erhebliche gesellschaftliche und politische Reformen zu veranlassen.
- Durch die beabsichtigten Reformen sollte der Staat Jerômes große Sympathien bei den Deutschen erwerben und dadurch eine Überlegenheit gegenüber den anderen Monarchien gewinnen, insbesondere gegenüber Preußen.

Der Inhalt dieser angekündigten Reformen wird vom Lehrer an der Tafel zusammengestellt und durch die Schüler mit den Verhältnissen in Preußen verglichen.
Die potentielle politische Wirkung der napoleonischen Absichten wird mit der folgenden Frage zur Diskussion gestellt:
- Mit welchen Reaktionen seiner neuen Untertanen konnte oder mußte Jerôme rechnen?

Die Schüler werden feststellen, daß die intendierten Reformen
- den Interessen der großen Mehrheit der Bevölkerung, den von den Grundherren abhängigen Bauern, weit entgegen kam.
- dem Bürgertum die Möglichkeit eröffnete, im Staatsdienst auch hohe Ämter zu erreichen.
- zu Lasten des bisher privilegierten Adels ging und wohl auf seinen Widerstand stoßen würde,
- also den Bewohnern des Königreichs Westfalen einen Teil der Errungenschaften der Französischen Revolution bringen würden, ohne daß sie dafür den Terror und das Elend ertragen mußten, dem viele Franzosen zwischen 1789 und 1799 ausgesetzt waren.

Unterrichtsschritt 2:
Jerômes Regierungsantritt

Durch den Lehrer werden ergänzende Informationen gegeben:

- Jerôme Bonaparte, geb. 1784, war der jüngste der vier Brüder Napoleons. Nachdem Joseph Bonaparte 1806 König von Neapel (er wurde 1808 nach Spanien „versetzt“) und Louis Bonaparte 1806 König von Holland geworden war, wurde Jerôme mit 23 Jahren als Herrscher des neu geschaffenen Westfalen eingesetzt. Im August 1807 von Napoleon mit der württembergischen Prinzessin Katharina verheiratet, wurde er bald in Deutschland als der verschwendungssüchtige „König Lustig“ bekannt. Er gab in seiner Residenz prunkvolle Feste und beschenkte seine Günstlinge großzügig mit Standeserhebungen und Geld. Sein Hofstaat bestand zu einem nicht geringen Anteil aus Franzosen; ebenso stammten die wichtigsten Minister aus Frankreich. Im Lande, das etwa drei Millionen Einwohner hatte, stand eine französische Armee von 12000 Soldaten, für deren Unterhalt Westfalen aufzukommen hatte. Und dazu kamen noch die Kosten für die aufzubauenden westfälischen Streitkräfte.
- Die in Paris festgelegte Bezeichnung „Königreich Westfalen“ war irreführend. Kern des neuen Staatsgebildes war das Kurfürstentum Hessen-Kassel. Dazugeschlagen wurden westlich der Elbe gelegene Gebiete Preußens (Altmark und Magdeburg), die südlichen Provinzen des Kurfürstentums Hannover, die Bistümer Paderborn, Osnabrück u. a. m. Insgesamt wurden Territorien in dem neuen Staat vereinigt, die vorher zu zwanzig verschiedenen Herrschaften gehört hatten.
- Jerôme wurde bei seinem Einzug in Kassel (Dezember 1807) untertänig empfangen und es gelang ihm bald, sich als menschenfreundlichen und milden Herrscher darzustellen.

Exkurs:

Die Resonanz, die Jerômes Herrschaft zunächst in Westfalen hervorrief, kann anhand von Quellenauszügen herausgearbeitet werden.
Besonders geeignet: Brief der Marianne v. Sothen über den Einzug Jerômes in Kassel (Kleßmann, a.a.O., S. 278ff.); v. Kaisenberg über das Hofleben in Kassel (Kleßmann, a.a.O., S. 306).

Unterrichtsschritt 3:
Der westfälische Staatshaushalt

Die Ausgaben und Einnahmen des westfälischen Staatshaushalts des Jahres 1808 werden der Klasse auf einer Folie (s. S. 55) präsentiert. Die Schüler werden aufgefordert, die einzelnen Positionen, zunächst auf der Ausgabenseite, dann auf der Einnahmenseite, zu erläutern. Dabei ist sicherzustellen, daß die aufgelisteten Begriffe verstanden werden. Danach erfolgt die Interpretation des Haushaltes.

Fragen zur Interpretation:
- Vor welchem Problem stand die westfälische Regierung?
- Wodurch wurde dieses Problem verursacht?
- Welche Lösungsmöglichkeiten gab es?

Erwartete Antworten:
- Zwischen Ausgaben und Einnahmen bestand eine Differenz von mehr als 30 Millionen Francs.
- Verursacht wurde dieser Fehlbetrag durch die ungeheuer großen Forderungen Napoleons. Allein in diesem Jahr wollte er mehr als 50 Millionen Francs aus dem neuen Staat „herauspressen“ (Kontributionen, Domäneneinkünfte, Schuldforderungen).

Vorschlag für eine Folie
(6. Stunde, Unterrichtsschritt 3)

Kgr. Westfalen: Staatshaushalt 1808
(in Millionen Francs)

AUSGABEN		EINNAHMEN	
– Kriegskontributionen an Napoleon	25	– Zwangsabgabe der „begueterten Staende" im Magdeburger Gebiet	12,4
– Abgaben aus den Einkünften der Staatsdomänen an Frankreich	7	– Einkünfte aus Staatsdomänen	ca. 13
– Zinsen für Staatsschulden (von ca. 35 Millionen Francs)	3,5	– Verkauf von Staatsdomänen	?
– Tilgung der Staatsschulden	4,5	– Importsteuern	?
– Kriegsministerium	13	– Grundsteuern (auch für alle bisher steuerfreien Grundstücke des Adels)	?
– Hofhaltung	5	– Personensteuer	?
– Finanzverwaltung	8,5	– indirekte Steuern	?
– Ministerium des Inneren und der Justiz	5	– beschlagnahmtes Kapital der Klöster, Bistümer usw.	?
– Ministerium des Äußeren	1		
Summe:	72,5	Summe:	
Dazu: Verlust von Schuldforderungen des Kurfürsten von Hessen an andere Fürsten (20–30 Mio. frs) zugunsten Napoleons		Nach Schätzungen des preuß. Gesandten	40
		Nach Schätzungen des holl. Gesandten	30

nach: Kleinschmidt, Westfalen, S. 84 ff.

– Eine Lösung war durch Senkung der Ausgaben und/oder Erhöhung der Einnahmen erreichbar. Senkung der Ausgaben hieß primär teilweisen oder völligen Verzicht Frankreichs auf die Kontributionen, hing also von der Zustimmung Napoleons ab. Erhöhung der Einnahmen aber war hauptsächlich durch Steuermehreinnahmen, also durch eine stärkere Belastung der Steuerzahler erreichbar.

Zusätzliche Informationen:

– Ausgaben: Napoleon war zum Verzicht auf seine Forderungen nicht bereit. Sein einziges Entgegenkommen bestand darin, daß die Kontribution nicht innerhalb von zwölf Monaten zu zahlen war, sondern auf etwas längere Zeit gestreckt wurde. Die Abgaben aus den westfälischen Staatsdomänen zugunsten Frankreichs wurden als jährlich wiederkehrende Zahlungen verstanden.

– Einnahmen: Die Zwangsabgabe in der Provinz Magdeburg war eine einmalige Leistung. Die neu eingeführten Steuern (Grundsteuer, Personensteuer) trafen auch den bisher steuerfreien Adel und Klerus. Eine starke Erhöhung der Steuern mußte die überwiegend bäuerliche Bevölkerung sehr empfindlich treffen und

konnte zu Widerstand gegen die Steuereinnehmer und zu Rebellion führen.
- Versuche Jerômes, im Ausland (Holland) Kredite aufzunehmen, scheiterten. Das Problem der Staatsfinanzierung konnte in den nächsten Jahren nur verschleppt, nicht aber gelöst werden.

Unterrichtsschritt 4:
Das Scheitern der Reformen

Anhand des Tafelbildes (s. Stundenblatt), das als Folie präsentiert werden kann, werden im Lehrervortrag die Auswirkungen der alles überschattenden Finanznot auf die angekündigte Politik der Reformen referiert.
- Der Adel behielt faktisch seine privilegierte Stellung bei der Vergabe von Hof- und Staatsämtern. Allerdings wurde seine Steuerfreiheit abgeschafft und es herrschte Gleichheit aller „westfälischen Untertanen" vor dem Gesetz.
- Die Leibeigenschaft wurde aufgehoben, aber nach wie vor war der Adel im Besitz des Bodens. Für dessen Überlassung mußte der Bauer Abgaben und Dienste leisten.
- Die Justiz wurde von der übrigen Verwaltung getrennt (Gewaltenteilung). Für schwerere Vergehen wurden Geschworenengerichte eingeführt.
- Das parlamentarische Gremium, die Ständeversammlung, wurde nicht durch freie Wahlen berufen. Vielmehr ernannte der König Wahlmänner aus den „besitzenden Ständen", die ihrerseits die Delegierten wählten. Diese wiederum durften nicht über die von den Ministerien eingebrachten Vorlagen diskutieren, sondern lediglich darüber abstimmen. Weil sie Widerstand gegen weitere Besteuerungspläne zeigten, wurde die Ständeversammlung nur insgesamt zweimal einberufen.

Folgende Fragen strukturieren das Unterrichtsgespräch, welches sich an den Lehrervortrag anschließt:
- Empfanden die Menschen in Westfalen die neue Regierung als Wohltat, so wie es Napoleon im November 1807 gefordert hatte?
- Wirkten die Verhältnisse in Preußen abschreckend?

Mögliche Ergebnisse:
- Die Reformen brachten bedeutsame rechtliche Verbesserungen für die Masse der abhängigen Bauern und für das Bürgertum.
- Die Menschen in Hessen, der Altmark oder im Hannoverschen werden dies aber kaum empfunden haben, da die rechtliche Besserstellung nicht eine materielle zur Folge hatte. Vielmehr führte die extreme steuerliche Belastung (die etwa den Bauern 60% der Einkommen wegnahm[31]) zu einer zunehmenden Verarmung in Westfalen.
- Die preußischen Verhältnisse dürften daher kaum als abschreckend empfunden worden sein. Die eigene Not wurde vermutlich als Ergebnis einer brutal ausbeutenden Fremdherrschaft gesehen.
- Dies mag eher zu einem patriotisch motivierten Gefühl der Verbundenheit mit den anderen deutschen Staaten geführt haben – auch mit dem preußischen.

Hausaufgabe:

Informiere Dich mit Hilfe eines Lexikons über die Ministertätigkeit des Freiherrn Karl vom und zum Stein. Mache Dir Notizen.

[31] W. Schmidt u. a., Die bürgerliche Umwälzung, S. 81

7. Stunde: Die preußischen Agrarreformen

Didaktische Vorbemerkung

Die Bauernbefreiung „ist die große und fundamentale Reform der Gesellschaft überhaupt, die das bürgerliche Zeitalter eröffnete ... Dabei ist für die deutsche Geschichte dieser Vorgang in Preußen von besonderer Wichtigkeit, weil in Preußen zuerst die alte Sozialordnung durchgreifend aufgelöst worden ist, weil hier im Osten, im Gebiet der überwiegenden Gutsherrschaft, die Reform tiefer eingriff als anderswo und weil die neue Ordnung auf dem Lande für die Machtverhältnisse in Preußen und Deutschland so eminent wichtig geworden ist“.[32] Diese dreifache Begründung rechtfertigt hinreichend die unterrichtliche Beschäftigung mit den preußischen Reformen insgesamt als auch mit den ostelbischen Agrarreformen im besonderen.

Zum Verständnis der Situation der Bauern ist es notwendig, die Form ihrer Abhängigkeit zu verdeutlichen. Es ist deshalb sinnvoll, verschiedene Varianten persönlicher Abhängigkeit zu vergleichen: Sklaverei, Leibeigenschaft, Erbuntertänigkeit. Die Abgrenzungen gegeneinander bieten die Möglichkeit, früher besprochene Lerninhalte zu reaktivieren.

Dabei sollte beachtet werden, daß in der *nicht*marxistischen Literatur der Begriff der Leibeigenschaft ausschließlich für jene Abhängigkeitsverhältnisse verwendet wird, wie sie in der frühen Neuzeit vor allem in Südwestdeutschland, im Bereich der Grundherrschaft, bestanden hatten. Die Beziehungen in der ostelbischen Gutsherrschaft nach dem Dreißigjährigen Kriege hingegen werden mit dem Begriff der „Erbuntertänigkeit“ beschrieben. Und diese Institution geriet im 18. Jahrhundert, im Zeitalter der Aufklärung, zunehmend unter Kritik. Herrscher wie Friedrich II. von Preußen und Kaiser Joseph II. sahen darin Überreste ehemaliger Sklaverei und sprachen polemisch von Leibeigenschaft.

Im Gefolge von Marx und Engels benutzen marxistische Historiker zur Beschreibung der ostmitteleuropäischen Verhältnisse des 18. Jahrhunderts den Terminus der „zweiten Leibeigenschaft“. Dabei werden nicht die rechtlichen Beziehungen in den Vordergrund gestellt; vielmehr wird die ökonomische Seite des Abhängigkeitsverhältnisses, die Aneignung des bäuerlichen Mehrprodukts, zum Vergleichspunkt mit der mittelalterlichen Leibeigenschaft und der Negersklaverei in den USA gemacht.

[32] Nipperdey, Deutsche Geschichte, S. 41

Lernziele

Die Schüler erkennen
- die wesentlichen Inhalte der Agrareformen: Aufhebung der Erbuntertänigkeit, Ablösung der Grundherrschaft bei spannfähigen Bauern, Beseitigung der genossenschaftlichen Nutzung von Grund und Boden,
- die Diskrepanz von Inhalten der Agrarreformen und bäuerlichen Erwartungen,
- die Zwangslage der Reformer zwischen Junkern und Bauern.

Die Schüler erarbeiten
- eine Übersicht über die wichtigsten Reformen in Preußen,
- die Argumentation der Reformgegner (Marwitz) gegen das Oktoberedikt von 1807.

Die Schüler beurteilen
- die ökonomischen Folgen der Agrargesetzgebung für die betroffenen sozialen Gruppen.

Verlaufsskizze

Unterrichtsschritt 1:
Die Preußischen Reformen im Überblick

Die Stunde wird mit der Besprechung der Hausaufgabe eingeleitet. Einführende Frage:
- Was hielt die preußische Regierung von König Jerôme und der Politik der Reformen in Westfalen?

Die Schüler werden feststellen, daß
1. auch in Preußen ab 1807, möglicherweise angestoßen durch die westfälischen Maßnahmen, zahlreiche Reformen eingeleitet wurden;
2. dabei der Freiherr vom Stein die treibende Kraft war.

Die von den Schülern genannten Reformen werden an der Tafel (s. Stundenblatt) aufgelistet. In einem weiteren Schritt wird vom Lehrer kurz auf die Gründe der Entlassung Steins und auf seine weitere politische Tätigkeit bis 1815 eingegangen. Dann wird ergänzt, daß ab 1810 der leitende Minister (= Staatskanzler) v. Hardenberg die Reformpolitik fortsetzte. Die Reformbereiche werden benannt und in das Tafelbild integriert. Dabei wird man auch erwähnen, daß Teile des Geplanten nur partiell oder gar nicht verwirklicht wurden.

Unterrichtsschritt 2:
Der Widerstand der preußischen Junker

Der von der Bürokratie angestrebte sozioökonomische Wandel stieß auf den erbitterten Widerstand des privilegierten großgrundbesitzenden Adels. Wortführer dieser „Junkeropposition" war von der Marwitz. Seine Argumentation wird in einem Arbeitsblatt (s. Vorschlag für ein Arbeitsblatt, S. 59) vorgelegt; in einer Stillarbeitsphase sollen die angefügten Fragen erarbeitet werden.

Erwartete Ergebnisse der Stillarbeit bzw. der Wiederholung:
- Marwitz war ein entschiedener Feind der Ideen der Französischen Revolution.
- J. J. Rousseau (1712–1778), Philosoph und Schriftsteller, forderte gleiche politische Rechte für alle Bürger; Montesquieu (1689–1755), Kritiker des Absolutismus, entwickelte die Lehre von der Gewaltenteilung und der konstitutionellen Monarchie.
- Nach Marwitz förderte Stein die Interessen der besitzlosen Bauern, Handwerksgesellen, Geschäftemacher, Bürokraten und Intellektuellen. Diese Maßnahmen gingen zu Lasten der Großgrundbesitzer (= Acker), des Besitzbürgertums (= Gewerbe), der „ehrenwerten" Mitglieder der Gesellschaft.
- Den Begriff „Landbewohner" lehnte er ab, weil er eine Gemeinsamkeit zwischen Adel und untertänigen Bauern unterstelle. In Wirklichkeit hätten diese Gruppen nichts gemein.
- Marwitz war ferner der Meinung, daß bei Durchführung des Oktoberediktes die Bauern rasch verschulden und verelenden würden.

Unterrichtsschritt 3:
Die bäuerliche Abhängigkeit vor 1807

Marwitzens Aussage, daß es in Preußen Sklaverei oder Leibeigenschaft im Jahr 1807 nicht gegeben habe, ruft die Frage nach der Qualität der Beziehungen zwischen „Edelleuten und untertänigen Bauern", nach den „ganz verschiedenen Rechten und Pflichten" hervor.

Das Unterrichtsgespräch kann mit folgenden Fragen eingeleitet werden:
- Was verstand Marwitz unter „Pflichtigkeit" der untertänigen Bauern?
- Was brachte das Oktoberedikt an Veränderungen für die Bauern?

Vorschlag für ein Arbeitsblatt
(7. Stunde, Unterrichtsschritt 2)

Von der Marwitz: über die preußischen Reformen

Mit ihnen (= seinen Gehilfen) fing Stein die Revolutionierung des Vaterlandes an, den Krieg der Besitzlosen gegen das Eigentum, der Industrie gegen den Ackerbau, des krassen Materialismus gegen die von Gott eingeführte Ordnung, der Spekulanten gegen die Felder und Gewerbe, der Bureaus gegen die aus der Geschichte des Landes hervorgegangenen Verhältnisse, des Wissens und eingebildeten Talents gegen Tugend und ehrenwerten Charakter.
Er machte nun den Anfang zu seiner sogenannten Regeneration des Preußischen Staates mit allerhand auf die Rousseau'schen und Montesquieu'schen Theorien gegründeten Gesetzen, solchen, wie sie aus der Französischen Revolution, samt dem Schaden, den sie angerichtet, längst bekannt waren.
Es erschien also:
Am 9. Oktober 1807 das Edikt über die persönlichen Verhältnisse der Landbewohner und den freien Gebrauch des Grundeigentums. Schon diese fremdartige Benennung und Erschaffung einer Menschenklasse, die in dieser Art gar nicht existiert, ist bemerkenswert. Es gab auf dem Lande Königliche Domänen, Edelleute und untertänige Bauern, alle mit ganz verschiedenen Rechten und Pflichten; und in den Provinzen, die uns nach dem Frieden geblieben waren, nur an äußerst wenigen Orten eigentliche Bauern. Dies waren also sehr bestimmt unterschiedene Klassen, die noch niemals kollektiv Landbewohner genannt worden waren, da es nicht auf den Platz ankam, wo ihr Haus stand, sondern auf ihre Rechtsverhältnisse ...
Zum Schluß folgte der pomphafte Ausruf: „Mit dem Martinitage 1810 gibt es also in unseren Staaten nur freie Leute!“, gleich als ob bis dahin irgendwo in unserem Lande Sklaverei oder Leibeigenschaft existiert hätte! – Letztere fing vielmehr alsbald zu entstehen an, nämlich Leibeigenschaft des kleinen Besitzers gegen den Gläubiger – denn mit der Pflichtigkeit war natürlich die Verpflichtung des Schutzherrn zur Vorsorge aufgehoben.

F. A. L. von der Marwitz, Aus dem Nachlasse, S. 292 ff.

Fragen:

1. Welche Meinung hat der Autor von der Französischen Revolution?
2. Welche Gruppen unterstützte Stein nach Marwitz? Wem schadete diese Politik?
3. Weshalb lehnte Marwitz den Bergriff „Landbewohner“ ab?
4. Wer waren Rousseau und Montesquieu und welche Theorien vertraten sie?
5. Das Oktoberedikt von 1807 setzte voraus, daß es in Preußen „unfreie Leute“ gebe. Marwitz widerspricht entschieden. Wer hat recht? Begründe!
6. Welche Auswirkungen erwartete Marwitz vom Oktoberedikt?

Vorschlag für eine Folie
(7. Stunde, Unterrichtsschritt 3)

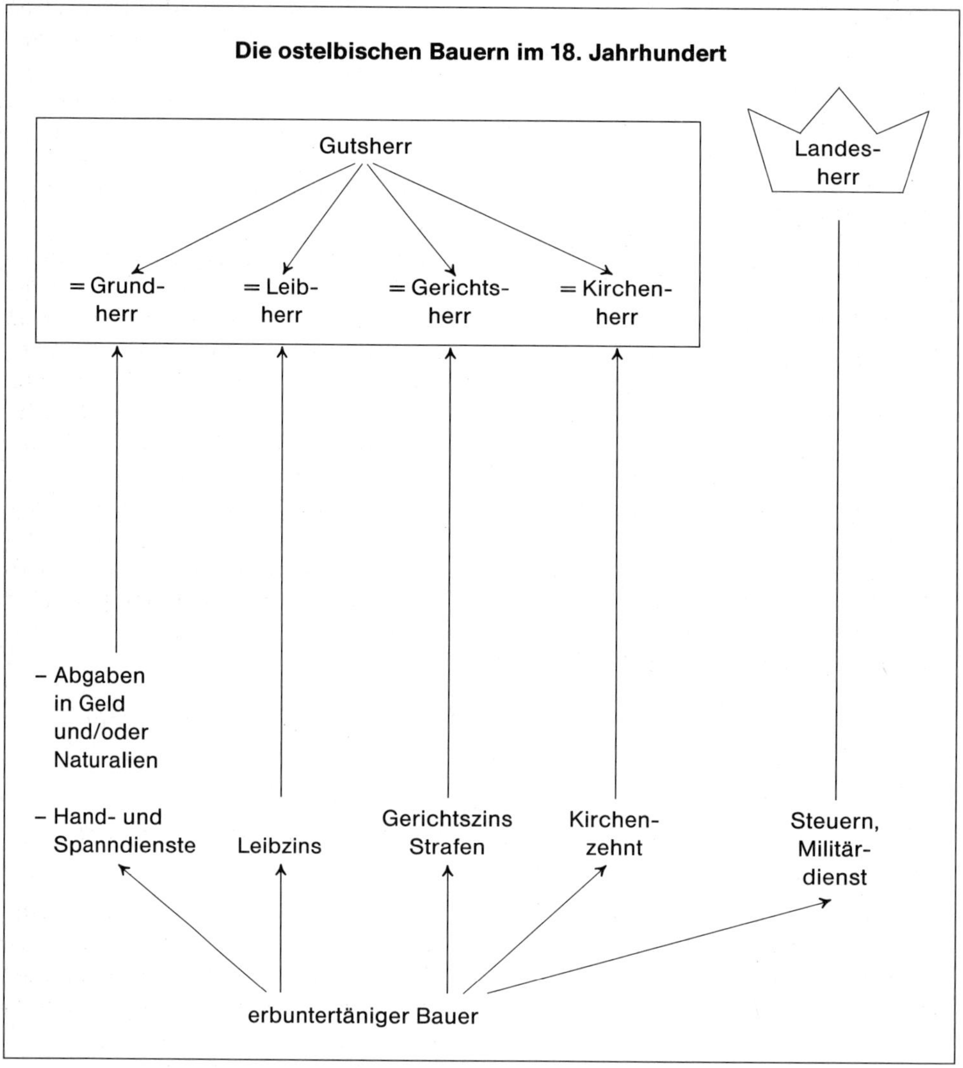

Zur Verdeutlichung der vielfältigen Abhängigkeit der erbuntertänigen Bauern im Bereich der ostelbischen Gutsherrschaft sollten die graphischen Darstellungen in den Lehrbüchern (z. B. Zeitaufnahme 2. S. 79: Fragen an die Geschichte 2, S. 25; Geschichtliche Weltkunde 2) einbezogen werden oder ersatzweise eine Folie (s. oben) vorgelegt werden.

Erwartete Ergebnisse:

– Der Gutsherr vereinigte in seiner Person mehrere Funktionen und stellte daher Ansprüche auf verschiedene Leistungen.

Zusatzinformation:
Für Ostelbien wird man davon ausgehen können, daß etwa 40% des Reinertrages abzuliefern waren.[33]

- Durch das Oktoberedikt wurde nur die Erbuntertänigkeit aufgehoben, d.h. jene Abhängigkeit, die von den Reformern als Leibeigenschaft attackiert wurde. Alle anderen Pflichten aber blieben erhalten. Die Abhängigkeit der Bauern von den Gutsherren war damit nicht beseitigt, nur gemildert.

Zusatzinformation:
Bereits vor 1807 war es möglich, sich von der Erbuntertänigkeit zu lösen. In Brandenburg mußten dafür, so Marwitz, „die mäßige Summe von 10 und 5 Thalern"[34] von den Abhängigen an den Gutsherrn entrichtet werden. Durch das Oktoberedikt wurden die „Privatbauern" jenen der königlichen Domänen gleichgestellt, die bereits 1804 die persönliche Freiheit erhalten hatten. Mit diesem Edikt waren alle Beschränkungen der Freizügigkeit wie auch der Gesindezwangsdienst aufgehoben. Diesen hatten die Kinder der Erbuntertänigen nach ihrer Konfirmation drei Jahre lang, bei recht geringer Entlohnung, zu leisten gehabt. Ferner wurden durch das Oktoberedikt alle Einschränkungen beim Kauf und Verkauf von Land aufgehoben. Nunmehr konnten auch Nichtadelige Rittergüter und die damit verbundenen Rechte erwerben.

Exkurs:

Der Text mag Anstoß dazu geben, den Unterschied zwischen Sklaverei und Leibeigenschaft zu thematisieren. Zur Differenzierung können folgende Abgrenzungen beitragen:

- Sklaverei hatte je nach historischer Epoche und Region unterschiedliche Erscheinungsformen. Marwitz dürfte vor allem die Negersklaverei in den USA vor Augen gehabt haben, die schon zu seiner Zeit heftig attackiert wurde. Im Jahre 1808 verbot dann der amerikanische Kongreß die weitere Einfuhr von Sklaven. Nordamerikanische Sklavenhalter behaupteten, daß ein Sklave kein Mensch, sondern eine Sache sei, ein rechtloses Eigentum seines Herrn, das wie jedes Eigentum jederzeit gekauft und verkauft werden konnte.
- Leibeigenschaft hingegen bezeichnete ein Abhängigkeitsverhältnis, das in West- und Mitteleuropa im Spätmittelalter und in der frühen Neuzeit dem Leibherrn Anrecht auf jährliche Abgaben (z.B. Leibhuhn, Leibschilling), im Todesfall auf Teile des Erbes (Besthaupt) einräumte. Der Leibeigene bedurfte bei Heirat oder Wegzug der Zustimmung des Leibherrn. Verkauf kam nicht vor. (Allerdings scheint es in Mecklenburg und Schleswig-Holstein Handel mit Leibeigenen gelegentlich gegeben zu haben.[35])

Unterrichtsschritt 4:
Die Erwartungen und Forderungen der Bauern

Die Reaktion der Bauern auf die Aufhebung der Erbuntertänigkeit entnehmen die Schüler in einer Stillarbeitsphase den Quellenauszügen (s. Vorschlag für ein Arbeitsblatt, S. 62).

---

[33] Dipper, Bauernbefreiung S. 42
[34] Marwitz, a.a.O., Bd. 2, S. 220
[35] Goehrke in: Marxismus im Systemvergleich, hg. v. C. Kernig, Geschichte Bd. 2, Sp. 323, s. v. Leibeigenschaft, Frankfurt 1974

Vorschlag für ein Arbeitsblatt
(7. Stunde, Unterrichtsschritt 4)

Quellenauszüge

1. Gutsherr des Kreises Öls (Niederschlesien) am 7. November 1807 an die preußische Verwaltung

Seit mehreren Jahren hat bekanntlich in dieser Provinz und auch im hiesigen Kreise eine Art von Freiheitsschwindel geherrscht; es war also kein Wunder, daß der gemeine Mann verflossenes Jahr die Ankunft der Franzosen mit Sehnsucht erwartete, weil er glaubte, daß alle Äcker und Grundstücke der Gutsbesitzer bald nach Ankunft derselben unter die Dorfbewohner verteilt werden würden. Ja, in einigen Dorfschaften war diese Überzeugung so groß, daß man sich in den Wirtshäusern schon über die projektierten Ackerverteilungen entzweite und darüber Schlägereien veranlaßte.[36]

2. Der Justizrat Steinbeck in einem Bericht vom 30. Aug. 1808 über Vorfälle in Schlesien

Die Landleute sind an verschiedenen Orten über den Sinn des Edikts (= vom Oktober 1807) teils richtig, teils unrichtig belehrt. Alle aber wissen, daß der größte Teil seiner Wirksamkeit schon eingetreten sein soll und doch werden sie nichts davon gewahr, und so geschieht es, daß sie, von Aufwieglern verhetzt, endlich durch Gewalt zu ertrotzen gedenken, was ihnen ihrer Meinung nach auf dem Wege der gesetzlichen Beschwerde weniger rasch zuteil werden möchte.[37]

3. Major v. Winterfeld im Oktober 1817 über die Reformgesetze

Mein kleines Dorf, wo Ruhe und Eintracht wohnten, wo Jeder wußte, was er zu tun und zu lassen hatte, und wo rechtliche Entscheidung und polizeilicher Zwang etwas Unerhörtes waren, ist seit diesem unglücklichen Edikte ein Wohnplatz der Zwietracht und Widersetzlichkeit geworden. Niemand tut oder leistet mehr, was er schuldig ist, ohne durch Zwang dazu angehalten zu werden, und Justiz und Polizei sind nicht im Stande, alle vor sie gebrachten Beschwerden zu schlichten.[38]

Erwartete Antworten:

- Das Oktoberedikt rief sowohl bei den Gutsherren als auch bei den Bauern Erbitterung hervor. Den einen ging Aufhebung der Erbuntertänigkeit entschieden zu weit, die anderen sahen darin nur einen Anfang in der Befreiung von allen Abgaben und Diensten.
- Die schlesischen Bauern erwarteten und forderten die Durchführung der gleichen Reformen wie sie 1789/93 in Frankreich erfolgt waren: nicht nur die Abschaffung der Leibeigenschaft, sondern auch das Ende aller Verpflichtungen gegenüber den bisherigen Herren, sowie die volle Übereignung des Landes, das sie bewirtschafteten.

Materialien

4. Der Historiker Johannes Ziekursch über „Die Bedeutung des Oktoberedikts für das schlesische Landvolk"

Die Haltung des Adels wie der Behörden gegenüber dem Oktoberedikt erklärt zur Genüge, daß in den Reihen des Landvolkes sehr bald der Verdacht auftauchte, man wolle es um die Früchte jenes Gesetzes, von dessen Erlaß es natürlich erfuhr, betrügen. Von dieser doch nicht völlig unberechtigten Annahme kam es mit einem Schritt zu dem Glauben, daß die Zugeständnisse der Regierung noch viel weiter reichten, als das schließlich veröffentlichte Edikt besage, daß sich nach dem Willen des Königs zu der Befreiung von der Erbuntertänigkeit noch die Freiheit von Fronden und Abgaben gesellen solle. Infolge aller dieser Ursachen traten sehr bald wieder neue, durch die Not der Franzosenzeit verschärfte Unruhen und Arbeitseinstellungen ein.
Nachdem die Franzosen im Sommer 1807 im Schwednitzer Kreise die Gärung gewaltsam unterdrückt hatten, begannen im November 1807 die Arbeitseinstellungen von neuem im Schwednitzer Kreise. Im Juli und August 1808 streikten 14 Dörfer, die schon mehr als 10000 Einwohner hatten; wieder mußte man die Franzosen zu Hilfe rufen. Zur selben Zeit revoltierten im polnischen Teil des Leobschützer Kreises 25 Dörfer; im Namslauer Kreise streikte schon seit Jahresfrist ein sehr großer Teil der Bauern, im Trebnitzer Kreise 4 Dörfer, im Wohlauer alle zum dortigen Domänenamt gehörigen Dörfer, ferner noch zahlreiche Dörfer im Striegauer Kreise. Das Frühjahr 1809 brachte neue, schließlich nur mit militärischer Gewalt unterdrückte Unruhen.[39]

5. Anmerkung

Die Unruhen waren nicht nur auf die Provinz Schlesien beschränkt. So berichtete eine Regierungskommission im August 1807, daß unter den erbuntertänigen Bauern in Ostpreußen große Erbitterung bestehe und daß diese die Folge der Aufhebung der Leibeigenschaft im Großherzogtum Warschau sei, einem im Juli 1807, nach dem Tilsiter Frieden, aus preußischen Territorien gebildeten napoleonischen Vasallenstaat.[40]

Fragen:

1. In welcher Lage befand sich die preußische Regierung nach Verabschiedung des Oktoberediktes? 2. Welche Entwicklungen waren denkbar?

– Da die Regierung des Freiherrn vom Stein nicht über ausreichende Machtmittel zur Unterdrückung der bäuerlichen Unruhen verfügte (sie mußte ja sogar die französische Besatzungsmacht um Hilfe bitten), war es ratsam, dem Druck nachzugeben. Tat sie dies, mußte sie allerdings mit zunehmendem Widerstand der Gutsherren rechnen.

[36] zit. nach J. Ziekursch, S. 281, Anm. 2
[37] nach Ziekursch, S. 294, Anm. 1
[38] zit. nach G. Franz, Quellen zur Geschichte des Bauernstandes, S. 384
[39] J. Ziekursch, S. 295f.
[40] nach J. Ziekursch, S. 280, Anm. 2

Unterrichtsschritt 5:
Die Regulierungsedikte (1811/16)

Das Dilemma, in dem sich die preußische Regierung ab Oktober 1807 befand, wird als Frage an der Tafel festgehalten:
- Wem gab die preußische Regierung nach: den Bauern oder den Junkern?

und das Tafelbild (s. Stundenblatt) zum zweiten Schritt der Agrarreform, der Ablösung der Grundherrschaft, entwickelt. Es sollte durch den Lehrer hervorgehoben werden, daß
- die Ablösung in verschiedenen Provinzen in modifizierter Form stattfand und erst nach 1815 voll in Gang kam,
- grob gesagt, nur das vermögendere Drittel der abhängigen Bauern, jene mit eigener Bespannung, die Grundherrschaft durch Landabgabe abschütteln und zu uneingeschränktem Besitz der Äcker gelangen konnte,
- die Gutswirtschaften der Junker erheblich an Ackerflächen durch die Landabgaben der Bauern gewannen.

Zusätzliche Information:
Von den „Regulierungen" wurden auch die „Gemeinheiten" betroffen: d.h. Weiden, Wälder, Ödland, die von den Bauern und dem Gutshof nach bestimmten Regeln gemeinsam benutzt worden waren. Dieser Gemeinschaftsbesitz wurde aufgelöst und ging überwiegend in die Hand der Gutsbesitzer über.[41]

Alternative:

Manche Lehrwerke (Fragen an die Geschichte 3, S. 184; Menschen in ihrer Zeit 3, S. 88) bieten durch Wiedergabe von Karten die Möglichkeit, Veränderungen von Landbesitz in einem konkreten Gutsbezirk oder Dorf festzustellen. Dies sollte genutzt werden.

[41] v. Hippel, Bauernbefreiung I, S. 52

Aufgabe für die Stillarbeit:
- Stelle Veränderungen fest.
- Wodurch kam es vermutlich zu den festgestellten Veränderungen?

Erwartete Arbeitsergebnisse (Beispiel: Gutsherrschaft Boitzenburg in der Uckermark; s.o. Fragen an die Geschichte 3):
- Es kam zu einer starken Ausdehnung der Gutsfläche.
- Diese Ausdehnung erfolgte hauptsächlich durch Aufkauf von ganzen Bauernhöfen („Bauernlegen") und durch bäuerliche Landabtretungen.

Im Lehrervortrag wird das jeweilige Beispiel in den Gesamtkontext der Ablösung der Grundherrschaft gestellt.

Hausaufgabe:

Rigaer Denkschrift des Frh. v. Hardenberg vom Sept. 1807 (s. Arbeitsblatt 7)

8. Stunde: Gewerbefreiheit und Heeresreform in Preußen

Didaktische Vorbemerkung

Im Mittelpunkt dieser zweiten Stunde zu den Preußischen Reformen steht die Vermittlung der Inhalte der Gewerbe- und Heeresreform. Dabei werden die alten *und* die neu angestrebten Strukturen deutlich gemacht. Denn nur so wird gewährleistet, daß die Schüler die Interessen der konkurrierenden sozialen Gruppen erkennen und ihre Haltung zu den Reformen verstehen können.
Der vorgeschlagenen Beschränkung auf nur drei der Reformen (Landwirtschaft, Hand-

werk, Militär) liegt die Annahme zugrunde, daß mehr als eine Doppelstunde für die Reformen nicht angesetzt werden kann.
Die Begründung für die Auswahl der Gewerbe- und Heeresreform aus dem Gesamtkomplex liegt nicht zuletzt im Kanon der Lerninhalte zur deutschen Geschichte des 19. Jahrhunderts. Die Kenntnis der neuen Gewerbeordnung ist notwendig zum Verständnis der „Take-off"-Phase der Industrialisierung. Und die Spannung zwischen bürgerlichem Anspruch auf Anerkennung in der Armee und adeliger Verteidigung ständischer Privilegien erleichtert die Einsicht in die Probleme des Preußischen Heereskonflikts der sechziger Jahre und in die Voraussetzungen für die Militarisierung der Gesellschaft des Kaiserreiches.
Als Einstieg in die Stunde wird ein Vergleich kontroverser fachwissenschaftlicher Aussagen vorgeschlagen. Dies erzeugt eine offene Problemsituation und gibt den Schülern den Anreiz, mit Hilfe bereitgestellter Quellen, der Lehrerinformation und der Unterrichtsgespräche diese Urteile zu überprüfen. Dabei wird ein zentraler Begriff zur Analyse des 19. Jahrhunderts erarbeitet: die „Verbürgerlichung".

Lernziele

Die Schüler erkennen
- die Unterschiedlichkeit fachwissenschaftlicher Aussagen über die Intentionen der Reformpolitik Hardenbergs,
- den inneren Zusammenhang von Agrarreform und Einführung der Gewerbefreiheit,
- die Strukturen der reorganisierten preußischen Armee.

Die Schüler erarbeiten
- die wechselseitige Bedingtheit der Einführung der allgemeinen Wehrpflicht und der Abschaffung der Prügelstrafe,
- die gesellschaftlichen und politischen Implikationen der Heeresreform,
- die Diskrepanz zwischen den in Riga formulierten Zielen und den Ergebnissen der Hardenbergschen Reformpolitik.

Die Schüler beurteilen
- die Plausibilität zweier fachwissenschaftlicher Aussagen.

Verlaufsskizze

Unterrichtsschritt 1:
Hardenbergs Reformziele

Die Bewertung der Hardenbergschen Reformen durch die Historiker H. Hausherr und E. Klein wird den Schülern auf einer Folie vorgestellt oder ersatzweise ins Heft diktiert:

> Hardenberg tat den großen Schritt zur Verbürgerlichung Preußens und hob damit die Macht in den Sattel, die das neunzehnte Jahrhundert im Guten wie im Bösen bestimmen sollte.[42]
> (H. Hausherr, 1965)

> Im Gegensatz zu Stein ging es Hardenberg nun einmal nicht darum, Fundamente zu legen, auf denen kommende Generationen aufzubauen vermöchten, sondern die Schwierigkeiten des Augenblicks zu überwinden.[43]
> (E. Klein, 1965)

[42] H. Hausherr, Hardenberg, zit. nach B. Vogel, Die „allgemeine Gewerbefreiheit" als bürokratische Modernisierungsstrategie in Preußen in: D. Stegmann u. a. (Hg.), Industrielle Gesellschaft und politisches System, Bonn 1978, S. 59–78

[43] E. Klein, Von der Reform zur Restauration, zit. nach B. Vogel, a.a.O.

Vorschlag für ein Tafelbild
(8. Stunde, Unterrichtsschritt 1)

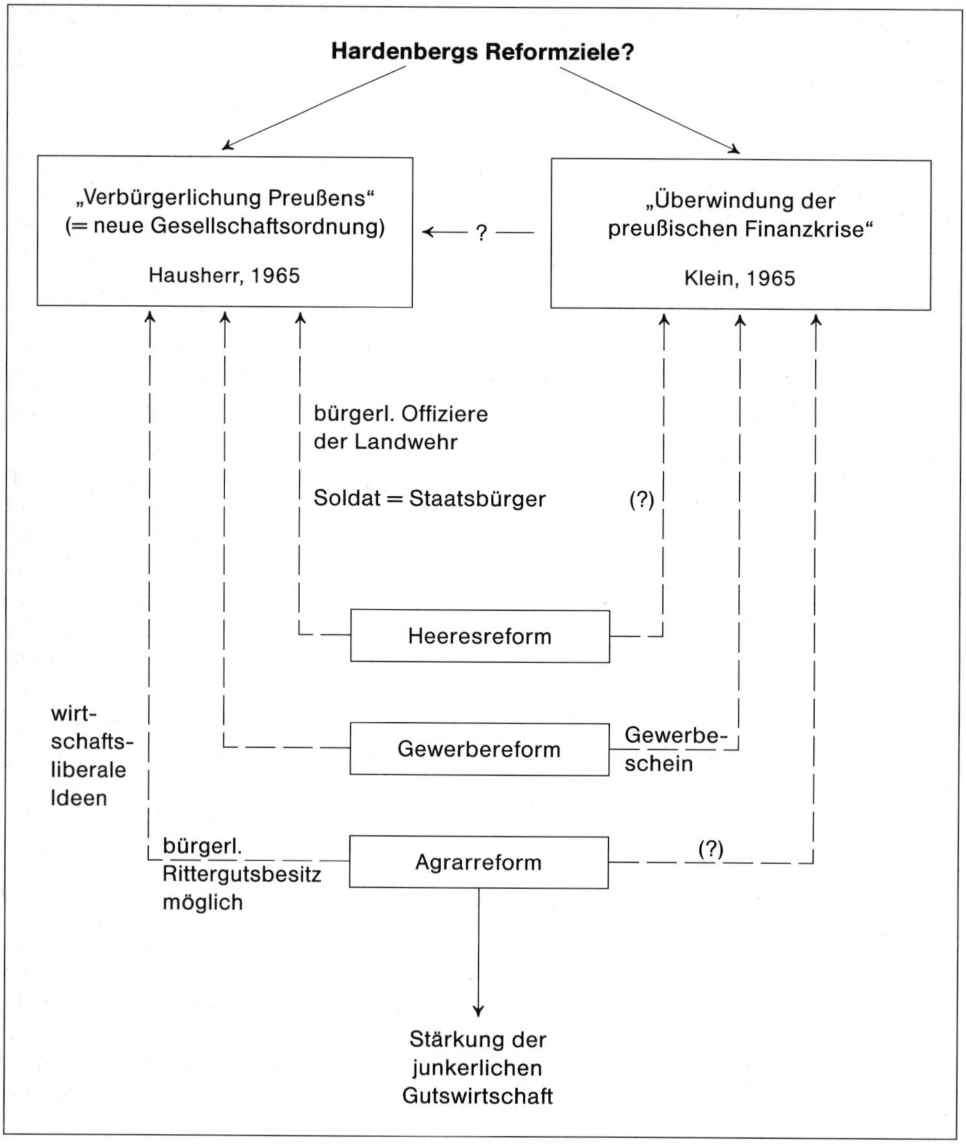

Das auswertende Unterrichtsgespräch kann von folgenden Fragen ausgehen:

- Was ist unter „Verbürgerlichung Preußens“ (Hausherr) zu verstehen?
- Welche „Schwierigkeiten des Augenblicks“ meinte E. Klein?
- Wie verhalten sich die Urteile der beiden Geschichtswissenschaftler zueinander?

Erwartetes Gesprächsergebnis:
- Hausherr hob als Ergebnis der Hardenbergschen Reformen den Abbau der privilegierten Rolle des Adels hervor. Als ausschlaggebende soziale Gruppe sei das Bürgertum aus der Reformzeit hervorgegangen.
- Die Schwierigkeiten, von denen E. Klein spricht, waren die unüberschaubaren finanziellen Probleme, vor denen der preußische Staat aufgrund der französischen Kontributionsforderungen stand.
- Die im selben Jahr (1965) veröffentlichten Aussagen stimmen nicht überein. Während Hausherr den Aufstieg des Bürgertums als Ergebnis sieht und als Ziel unterstellt, ist Klein der Meinung, daß dieser Aufstieg allenfalls nichtbeabsichtigtes Nebenprodukt einer Politik kurzatmiger Improvisationen gewesen sei.

Dieses Gesprächsergebnis wird an einer Seitentafel als erster Teil eines zu entwickelnden Tafelbildes (s. Vorschlag S. 66) in Form einer graphischen Darstellung festgehalten.

Die von diesem Tafelbild ausgehende Frage nach der größeren Plausibilität wird aufgegriffen und zur Wiederholung wesentlicher Lernziele der vorausgehenden Stunde benutzt.

Die Beantwortung der nunmehr anstehenden Fragen
- Wer hat eher Recht: Hausherr oder Klein?
- Können die Agrarreformen als Beleg für einen Aufstieg des Bürgertums angeführt werden?

ist nicht möglich ohne genauere Kenntnis der weiteren Reformen der Ära Hardenberg. Dieses Wissen wird in den folgenden Unterrichtsstunden vermittelt.

Unterrichtsschritt 2:
Die Gewerbereform

Im Lehrervortrag wird nun folgendes ausgeführt:
- Die Agrarreform hatte nicht nur Auswirkungen auf das Verhältnis von Bauer und Gutsherr.
- Durch die Beseitigung des Gesindezwangsdienstes und der Schollenpflichtigkeit konnten nunmehr ländliche Arbeitskräfte versuchen, außerhalb des Agrarsektors einen Arbeitsplatz zu finden.
- Eine Veränderung der Verhältnisse „auf dem platten Lande" hing also auch davon ab, ob in den anderen Wirtschaftszweigen Aufnahmebereitschaft und -fähigkeit vorhanden war.
- Da um 1800 einerseits knapp 65% aller am Arbeitsleben Teilnehmenden in der Landwirtschaft tätig waren und andererseits nur etwa jeweils knapp 20% im gewerblichen Sektor (Handwerk, Manufakturen, Verlage) und im Bereich der Dienstleistungen (Gesinde, Staatsbeschäftigte, Verkehrswesen)[44], mußte durch Ausbau dieser kleineren Wirtschaftszweige der Erfolg der Agrarreform abgesichert werden.
- Deshalb wurden um 1810/11 mehrere Reformgesetze erlassen, die eine grundlegende Veränderung vor allem beim Handwerk anstrebten.
  (Mögliche Zusatzinformation: 72% der im gewerblichen Bereich Beschäftigten arbeiteten im Handwerk, nur 21% in Manufakturen und in Verlagen.)[45]
- Bereits die Zeitgenossen nannten als Ziel der neuen Gesetze die „Einführung der Gewerbefreiheit".

---

[44] nach Henning, Industrialisierung 1800–1914, S. 20, Abb. 2. Hennings Zahlen beziehen sich auf das ganze Deutschland; mit Sicherheit war der Anteil der agrarisch Beschäftigten in Ostelbien deutlich höher

[45] B. Vogel, Gewerbefreiheit, S. 134

Der Inhalt der Gewerbereform wird in einem Tafelbild (s. Stundenblatt) dargestellt, das vom Lehrer in Etappen in Gegenüberstellung von „Vorher“ und „Nachher“ entwickelt und kommentiert wird.

Unterrichtsschritt 3:
Die Heeresreform

Eine Radierung von Daniel Chodowiecki aus dem Jahre 1774 über die Strafen in der Armee Friedrich II. von Preußen dient als „Einstieg“ in die Heeresreform. (Siehe: Spiegel der Zeiten 3, S. 42; Geschichtliche Weltkunde 2, S. 95; erinnern und urteilen II, S. 10–24; Zeitaufnahme 2, S. 81; Geschichte und Geschehen 8, S. 222) Da in den Lehrbüchern die Radierung kommentiert ist, kann sogleich über die reine Klärung des Dargestellten hinausgegangen werden.

Fragen zur Auswertung:
- Wie haben die Bestraften, wie die anderen Beteiligten die Situation wohl empfunden?
- Welche Art von Vergehen wurde mit diesen Strafen geahndet?
- Kommt in diesem Kunstwerk irgendeine Stellungnahme des Künstlers zum Ausdruck?

Erwartete Schülerantworten:
- Die gequälten Verurteilten werden Haß gegen jene empfunden haben, die diese Strafen angeordnet hatten.
- Da die Bestraften häufig dauernden Schaden an ihrer Gesundheit davontrugen, nicht selten an den Folgen des mehrfachen „Gassenlaufens“ starben, waren ihre Vergehen nach Meinung ihrer Richter sehr schwerwiegend.

Zusatzinformation:
- Häufigste Ursache für diese Bestrafungen war Fahnenflucht. Diese war besonders häufig, da ungefähr ein Drittel der preußischen Soldaten „Ausländer“ waren, d. h. Nichtpreußen, die man oft zu einem 10–12jährigen Militärdienst „gepreßt“ hatte. Darunter verstand man Gewaltanwendung oder Täuschung bei der Anwerbung. Zur Charakterisierung der brutalen Umgangsformen in dieser Armee sollte aus den Erinnerungen eines „Gepreßten“ zitiert werden.[46]

Der Lehrer informiert darüber, daß
- die vernichtende Niederlage von 1806/07 die eindeutig qualitative Unterlegenheit dieser Armee aller Welt vor Augen geführt hatte,
- der König von der Notwendigkeit einer tiefgreifenden Umgestaltung beim Wiederaufbau der Armee überzeugt war und im Herbst 1807 eine „Militärreorganisationskommission“ ins Leben rief,
- im Juli 1808 in der der Regierung nahestehenden Berliner Zeitschrift „Der Volksfreund“ ein Artikel zur Reform des Heeres mit der Überschrift „Freiheit der Rükken“ erschien, der sogleich allgemeine Aufmerksamkeit erregte.

Eine gekürzte und sprachlich vereinfachte Fassung dieses Artikels (s. Vorschlag für ein Arbeitsblatt, S. 69) wird den Schülern vorgelegt.

Erwartete Antworten:
- Der Zeitungsartikel sprach sich mit großem Nachdruck für die Abschaffung der Prügelstrafe in der Armee aus, weil sie eine Entwürdigung des Bestraften darstelle.
- Der Autor sah diese Abschaffung als notwendige Maßnahme an, da sie auch mit einer allgemeinen Wehrpflicht, die er forderte, unvereinbar sei.

[46] Bräker, Der arme Mann im Tockenburg, S. 113–115

Vorschlag für ein Arbeitsblatt
(8. Stunde, Unterrichtsschritt 3)

Freiheit der Rücken[47]

Man hält es hie und da immer noch für unmöglich, bei dem deutschen Kriegswesen die Stock- und Spießrutenstrafen abzuschaffen.
Während die Milde unserer Gesetzgebung den Händen der Frohnvögte den Stock entwindet, während unser Strafgesetzbuch nur noch den Diebstahl mit Schlägen bei gemeinen Verbrechern belegt; während ein Stockschlag in allen Ständen als eine empörende Beschimpfung gilt, will man im ehrenvollsten aller Vereine, in der Armee, eine Bestrafung beibehalten, welche so sehr den Begriffen des Zeitalters widerstrebt.
Wir haben uns endlich zu klaren Ansichten über die allgemeine Pflicht zur Landesverteidigung erhoben. Wir sind dahin gekommen, zu begreifen, daß es ein tiefes Versinken in Egoismus sei, wenn man die Waffenführung nicht für die ehrenvollste Beschäftigung zu jeder Zeit seines Lebens hält, von der nur Körpergebrechlichkeit, Blödsinn oder das Verbrechen ausschließen können. Es leuchtet jedem ein, daß eine nicht in absoluter Unfähigkeit begründete Freistellung von der Wehrpflicht nur schimpflich sein kann. Wenn aber ein gerechtes Gesetz Pflichten und Ansprüche über alle Stände verteilt, und den Sohn des königlichen Rates ebensowohl den Reihen der Vaterlandsverteidiger beigesellt, wie den Pflüger und Tagelöhner, dann wird es nötig, die für ein roheres Zeitalter erfundenen Strafarten abzuändern und wohlerzogene junge Männer vor der Möglichkeit zu schützen, von übelwollenden Vorgesetzten mißhandelt zu werden.
Was soll der Bürger denken, wenn er den Soldaten auf öffentlichem Platze mit dem Stock mißhandelt sieht, da dieser oft wegen geringfügiger Exerzierfehler von seinen Vorgesetzten willkürlich mit Schlägen übersät wird? Muß der Zuschauer nicht seinen Blick unwillig wegwenden?
Die Proklamation der Freiheit der Rücken scheint also der Verallgemeinerung der Waffenpflichtigkeit vorangehen zu müssen. Dünkt dies nicht möglich, dann laßt uns Verzicht tun auf unsere Ansprüche an Kultur und die Beweggründe für das Wohlverhalten der Soldaten noch fernerhin im Stock suchen, da wir sie in seinem Ehrgefühl nicht zu finden vermögen.

Arbeitsaufträge/Fragen:

1. Was bedeutete die Überschrift „Freiheit der Rücken"?
2. Erkläre den Schlußsatz.

[47] Aus der Berliner Zeitschrift „Der Volksfreund", Nr. 6, Juli 1808; zit. nach: G. H. Pertz, Das Leben ... von Gneisenau, Bd. 1, S. 385–387

- Vom Soldaten des neuen Heeres wurde erwartet, daß er seiner Pflicht nicht mehr nur aus Angst vor der Prügelstrafe nachkomme, sondern aus „Ehrgefühl“. Damit war gemeint, daß dem Soldaten das Bewußtsein vermittelt werden sollte, nicht entmündigtes Werkzeug zu sein, sondern Bürger einer Nation, der sich politisch engagiert und der durch sein Handeln das politische Schicksal seiner Nation mitgestaltet.

Anhand einer Folie (s. S. 71) wird nun über die organisatorischen Aspekte der Heeresreform berichtet.

Erläuterungen und Zusatzinformation:
- Die von Friedrich Wilhelm III. eingesetzte Kommission bestand aus den Offizieren v. Gneisenau, v. Grolmann, v. Boyen, Clausewitz u. a. Die treibende Kraft und Vorsitzender war Scharnhorst. Ein Teil dieser Offiziere war nicht aus Preußen gebürtig, z. T. waren sie bürgerlicher Herkunft.
- Für die Aufnahme in den Offiziersberuf sollte künftig nicht mehr adelige Geburt ausschlaggebend sein, sondern Bildung und Leistung. Dadurch sollte auch Bürgerlichen die Offizierslaufbahn eröffnet werden. Allerdings blieb die praktische Auswirkung gering: bürgerliche Offiziere blieben im ganzen 19. Jahrhundert in der preußischen Armee eine Seltenheit. Dies lag daran, daß die Offiziere eines Regiments sich durch Zuwahl ergänzten. Der König ernannte die höheren Offiziere.
- Die allgemeine Wehrpflicht wurde erst bei Ausbruch der Befreiungskriege im März 1813 eingeführt. Diese „jakobinische“ Einrichtung stieß auf das Mißtrauen des Adels: eine Bewaffnung des Volkes konnte sich ja auch in inneren Auseinandersetzungen auswirken.
  Ferner war die allgemeine Wehrpflicht auch nicht mit der preußischen Heeresstärke vereinbar, die Napoleon 1807 auf 42000 Mann beschränkt hatte. (Vorkriegsstärke: 250000 Mann)
- Bereits 1733 war in Preußen die Pflicht aller Untertanen zum Waffendienst verkündet worden. Doch war dieser Grundsatz durch festgelegte Ausnahmen (Exemtionen) vielfach durchlöchert worden: die Bewohner einzelner Provinzen (z. B. Schlesien) waren vom Waffendienst freigestellt; ebenso die Bewohner gewisser Städte (z. B. Berlin, Magdeburg, Cleve). Dazu kamen noch die Angehörigen bestimmter bürgerlicher Berufe: die Söhne von Manufakturbesitzern, Großkaufleuten und höheren Beamten waren freigestellt.
- Die Länge der Dienstzeit im stehenden Heer war unterschiedlich. Die jungen Männer „aus den gebildeten Ständen, die sich selbst kleiden und bewaffnen können“[48], mußten nur ein Jahr dienen. Sie sollten später als Offiziere der Landwehr zur Verfügung stehen.
- Der Landwehr (1. Aufgebot) gehörten alle Waffenpflichtigen von 20 bis 25 Jahren an, die nicht in der Linie gedient hatten, sowie alle Männer vom 26. bis 32. Lebensjahr.
  Die Landwehr (2. Aufgebot) umfaßte alle Männer zwischen dem 33. und 39. Lebensjahr, sofern sie nicht dem stehenden Heer oder dem 1. Aufgebot angehörten.
- In der Landwehr wurden die Offiziere bis zum Kompaniechef von Ausschüssen gewählt; die Bestätigung durch den König war allerdings notwendig. Die so bestellten Offiziere wählten die Unteroffiziere aus. Die höheren Offizierstellen wurden vom König besetzt.
- Der Landsturm, der nur bei feindlichem Überfall aufgestellt werden sollte, umfaßte alle Waffenpflichtigen bis zum 50. Lebensjahr, sowie die nichtausgebildeten Jugendlichen ab dem 17. Lebensjahr.

[48] Stadelmann, Scharnhorst, S. 155

Vorschlag für eine Folie (8. Stunde, Unterrichtsschritt 3)

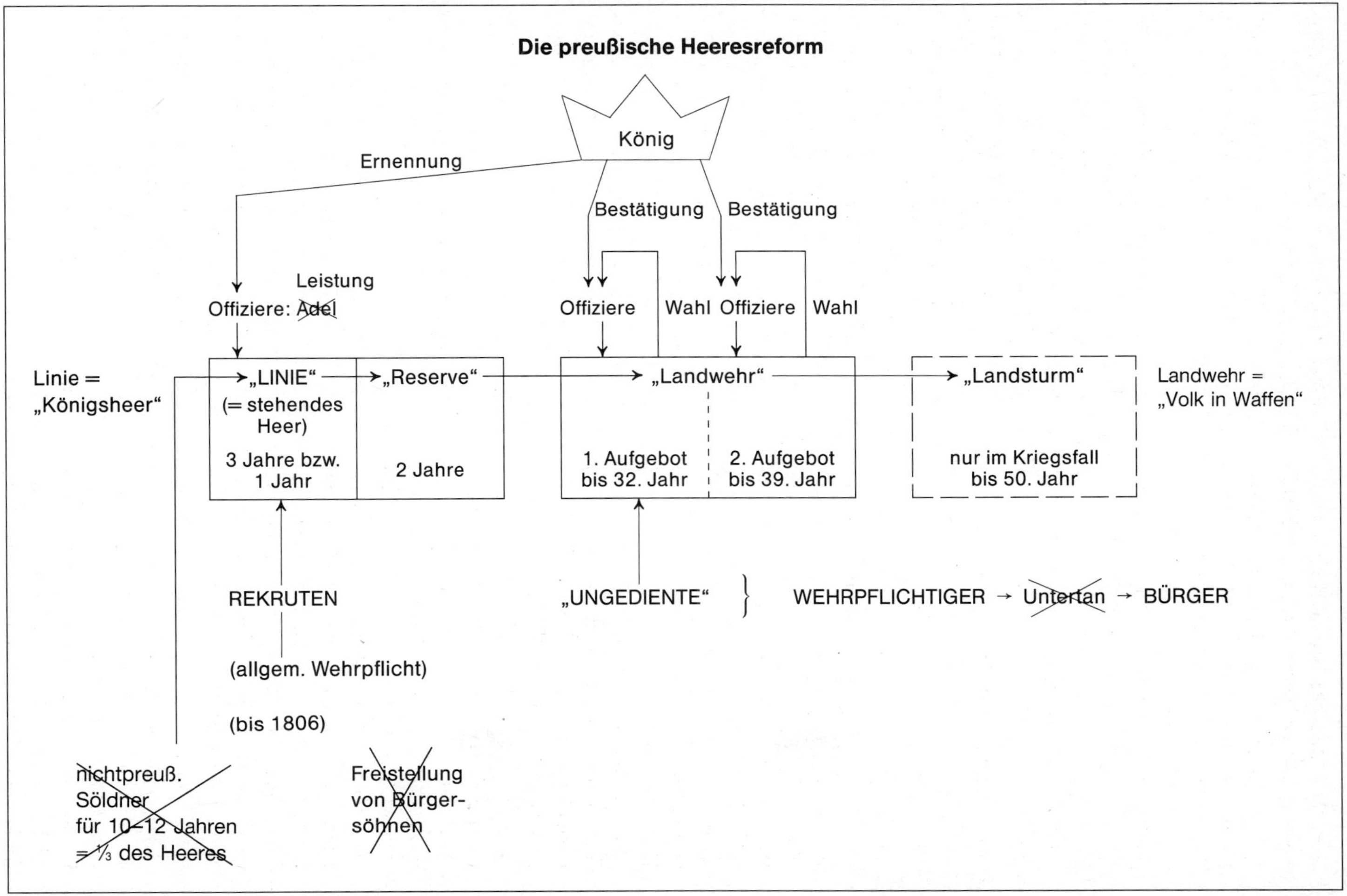

Vorschlag für einen Lesetext
(8. Stunde, Unterrichtsschritt 3, Alternative)

1. O König von Preußen,
Du großer Potentat,
Wie sind wir deines Dienstes
So überdrüssig satt!
Was fangen wir nun an
In diesem Jammertal,
Allwo ist nichts zu finden
Als lauter Not und Qual?

2. Und kommt das Frühjahr an,
Da ist die große Hitz'.
Da muß man exerzier'n,
Daß ein'm der Buckel schwitzt.
Da muß man exerzier'n
Vom Morgen bis Mittag,
Und das verfluchte Leben,
Das währt den ganzen Tag.

3. Vom Exerzieren weg
Geht's wieder auf die Wacht,
Kein Teufel tut nicht frag'n
Ob man gefressen hat.
Kein Branntwein in der Flaschen,
Kein weißes Brod dabei;
Ein schlechtes Tabakrauchen,
Das ist der Zeitvertreib.

4. Dann kommt ein' frisch' Parad';
Tut man ein falschen Tritt,
So fängt man an zu rufen.
Der Kerl muß aus dem Glied!
Patrontasche runter,
Den Säbel abgelegt,
Und tapfer drauf geschmissen,
Bis er sich nicht mehr regt!

5. Ihr Herren, nehmt's nicht Wunder,
Wann einer desertiert,
Wir werden wie die Hunde
Mit Schlägen strapleziert;
Und bringen sie uns wieder,
Sie henken uns nicht auf,
Das Kriegsrecht wird gesprochen:
Der Kerl muß Gassen lauf!

6. Und wann wir Gassen laufen,
So spielet man uns auf
Mit Waldhorn und Trompeten,
Da geht es tapfer drauf;
Da werden wir gehauen
Von einem Musketier,
Der eine hat's Bedauern,
Der andre gönnt es mir.

7. Und werden wir dann alt,
Wo wenden wir uns hin?
Die G'sundheit ist verloren,
Die Kräfte sind dahin!
Und endlich wird es heißen:
Ein Vogel und kein Nest!
Geh', Alter, nimm den Schnappsack,
Bist auch Soldat gewest!

aus: Politik und Unterricht, Sonderheft Januar 1987, hg. von der Landeszentrale für politische Bildung Baden-Württemberg, Stuttgart 1987, S. 28

Alternative:

Als Einstieg in diesen Unterrichtsschritt kann auch die folgende Cassette eingesetzt werden: „Historische Lieder aus acht Jahrhunderten“, hg. von der Landeszentrale für politische Bildung Baden-Württemberg (Stuttgart 1987). Diese Cassette enthält u. a. das Lied „O König von Preußen“, ein Soldatenlied aus dem 18. Jahrhundert, das im preußischen Heer streng verboten war. Der Text des Liedes (s. S. 72) kann den Schülern zum Mitlesen vorgelegt werden.

Fragen zur Auswertung:
- Warum war das Singen dieses Liedes im preußischen Heer bei Strafe verboten?
- Welche Situationen haben die Soldaten besonders bedrückt?
- Wie haben die Soldaten vermutlich auf die Strafen reagiert?

Erwartete Schülerantworten:
- Das Lied spielte mit dem Gedanken der Fahnenflucht, versuchte Verständnis für Flüchtige zu wecken, beschrieb aber auch gleichzeitig die grausamen Folgen einer mißglückten Desertion.

Unterrichtsschritt 4:
Die Ergebnisse der preußischen Reformen

Nach Vermittlung der Inhalte der Agrarreformen nach Gewerbereform und der Heeresreform kann nunmehr die Fragestellung nach Zielen und Auswirkungen der Reformen insgesamt wieder aufgegriffen werden. Dabei wird das Tafelbild „Hardenbergs Reformziele“ (s. S. 66) weiterentwickelt (= unterer Teil).
Im Unterrichtsgespräch werden die Aussagen von Hausherr und E. Klein problematisiert.

Einleitende Fragen:
- Überprüfe die Urteile von Hausherr und E. Klein an den preußischen Agrarreformen, der Gewerbefreiheit und der Heeresreform. Welches Urteil ist einleuchtender?
- Hat Hardenberg die im September 1807 in Riga gesteckten Ziele mit den genannten Reformen erreicht? (s. Hausaufgabe, Arbeitsblatt 7)

Mögliches Gesprächsergebnis:
- Eigentlicher Gewinner bei den Agrarreformen war der Großgrundbesitz. Vielen Junkern gelang es, ihre Güter zu vergrößern – zu Lasten der regulierten, spannfähigen Bauern. Das Bürgertum war nur insofern von der sogenannten Bauernbefreiung betroffen, als nunmehr auch Bürgerliche ohne rechtliche Beschränkung Eigentümer von Rittergütern werden konnten, also Gutsbesitz nicht mehr an adelige Herkunft gebunden war. Der landwirtschaftlich genutzte Grund und Boden wurde zur Ware, die von jedermann gekauft und verkauft werden konnte. Es siegte die „individual-kapitalistische Wirtschaftsweise auf dem Lande“[49], wirtschaftsliberale Ideen, die vom Bürgertum getragen wurden.
  Einen direkten und unmittelbaren Einfluß auf die Finanzlage des preußischen Staates der Reformzeit hatte die „Bauernbefreiung“ nicht.
- Durch die Einführung der Gewerbefreiheit wurde tatsächlich dem Staat eine weitere Einnahmequelle eröffnet. Jeder Gewerbetreibende mußte einen Gewerbeschein lösen und dafür bei der Steuerbehörde eine Gebühr entrichten. Die bis dahin privilegierten Zünfte in den Städten wurden durch die Aufhebung des Zunftgebots getroffen. Nichtzunftgebundene Gewerbebetriebe konnten sich nun entfalten

[49] Nipperdey, Deutsche Geschichte, S. 48

(– vor allem in Form handwerklicher Nebenerwerbsbetriebe auf dem Lande). Insofern trug die Gewerbereform nicht zur Verbürgerlichung Preußens bei. Die Reformbürokratie setzte auf Wettbewerb zur Steigerung der gewerblichen Produktion – auch gegen den Protest des Zunftbürgertums.

– Die von den Heeresreformern geforderte Respektierung der Menschenwürde auch des einfachen Soldaten, des Tagelöhners in Uniform, mußte von Auswirkung auf die Beziehungen der sozialen Gruppen sein. Nicht mehr der willenlose Untertan, den der Absolutismus erzwingen wollte, war das Leitbild, sondern der politisch motivierte Patriot. Die so vorausgesetzte Politisierung *aller* Waffenpflichtigen war mit der Existenz einer Ständegesellschaft nicht vereinbar. Wenn von jedem jungen Preußen die Übernahme von politischen Pflichten gefordert wurde, dann war es nur konsequent, wenn dem eine Zuordnung von politischen Rechten entsprach. Diese mußten dann dem jungen Adeligen und dem Kaufmannssohn ebenso gewährt werden wie dem jungen Bauern. Die allgemeine Wehrpflicht führte also über den politischen Aufstieg des Bürgertums hinaus und verlangte die politische „égalité" aller (männlichen) erwachsenen Preußen. Nicht die „Verbürgerlichung" sondern die „Verstaatsbürgerlichung" Preußens wurde von der Gruppe um Scharnhorst angestrebt.

Doch auch spezielle bürgerliche Interessen wurden gewahrt. In der Landwehr entstand ein militärischer Körper, der, im Gegensatz zum stehenden Heer, von bürgerlichen Offizieren geführt wurde. Und die Betonung des Leistungsprinzips, bei gleichzeitiger, allerdings kaum wirksam werdender Streichung des adeligen Standesprivilegs, kam bürgerlichen Interessen entgegen.

Zusatzinformation:
Der Wahlspruch der Landwehr („Mit Gott für König und Vaterland") ließ den „egalitäre(n) und partizipatorische(n) Treibsatz der Reform"[50] deutlich erkennen. Denn „neben die Loyalität gegenüber dem Monarchen trat, noch ohne Widerspruch, die Loyalität zu Staat und Nation, zum Vaterland".[51]

– In der Rigaer Denkschrift von 1807 befürwortete Hardenberg umfassende politische und soziale Reformen, weil er diese für unvermeidbar hielt. Von den Gegnern der Reformen (z. B. v. d. Marwitz) sagte er, daß sie durch ihre bedingungslose Opposition gegen jeglichen Wandel die Revolution geradezu förderten. Dem König empfahl er „eine Revolution im guten Sinne" durchzuführen, also einen raschen Wandel einzuleiten, der den Menschen die Gewalttaten und Schrecken der Vorgänge in Frankreich ersparen würde. Auch in Preußen werde man dadurch „schlafende Kräfte" zu wecken vermögen. Die Motive Hardenbergs waren also „defensiv" (E. Fehrenbach): nur um die drohende „Revolution im bösen Sinne" zu vermeiden, sprach er sich für Reformen aus.
– Die von Hardenberg in Riga zum Programm erhobene „Übernahme der Grundsätze der (Französischen) Revolution", die Einführung „demokratischer Grundsätze in eine monarchische Regierung" fand nur ansatzweise statt. Die Macht des Adels wurde, im Gegensatz zu Frankreich, nicht gebrochen, sondern sogar noch im ökonomischen Bereich gestärkt. Politisch allerdings mußten es die Junker hinnehmen, daß mit Hardenberg eine Gruppe von Bürokraten an die Hebel der Staatsmacht gelangte, die durchaus nicht die Beibehaltung der überkommenen gesellschaftlichen Ordnung wollte,

[50] Nipperdey, a.a.O., S. 56
[51] a.a.O.

sondern deren „Umsturz bei Integrierung der sozialen Gruppen in ein neues Gesellschaftssystem".[52] Daß die Reformen zu einer Verbürgerlichung Preußens geführt haben, dafür spricht nicht sehr viel. (Bestenfalls ließe sich die hier nicht behandelte neue Städteordnung zitieren, deren politische Wirkung zunächst gering blieb.)

Hausaufgabe:

Kurzreferat: Biographie des „Turnvaters" Jahn (Hilfsmittel: Lexika/Biographische Wörterbücher)

[52] B. Vogel, Preußische Reformen, S. 17

Teil 3: Wiener Kongreß

9. Stunde: Die Entstehung des deutschen Nationalismus

Didaktische Vorbemerkung

> „Der Nationalismus ist eine politische Kraft, welche die Geschichte Europas und der Welt in den letzten beiden Jahrhunderten stärker bestimmt hat als die Ideen der Freiheit und parlamentarischen Demokratie oder die des Kommunismus.“[53]

Daß diese Feststellung Peter Alters in ganz besonderem Maße für die europäische Mitte, für Deutschland gilt, steht außer Frage. In der zweiten Hälfte des 20. Jahrhunderts ist der Nationalismus als politische Idee zur Mobilisierung und Integration von Menschen weitgehend diskreditiert. Er wird im deutschen Raum mit Hitlers Nationalsozialismus, mit Weltkrieg und Völkermord gleichgesetzt. Und hieraus erwächst die Gefahr, daß dieses Verständnis des Nationalismus undifferenziert ins 19. Jahrhundert zurückprojiziert wird. Geschieht dies, wird der Zugang zu einer zentralen Problematik im Zeitalter Metternichs und Bismarcks verstellt, dem Verständnis der „deutschen Frage“.
Der Risorgimento-Nationalismus[54] des 19. Jahrhunderts unterscheidet sich fundamental vom integralen Nationalismus des 20. Jahrhunderts. Ersterer entstand in Deutschland als Reaktion auf den Zusammenbruch des Alten Reiches und der folgenden brutalen Ausbeutung durch das napoleonische Frankreich. Gelehrte (Herder, Fichte), Theologen (Schleiermacher), Publizisten (Arndt, Jahn) und Studenten waren die ersten Anhänger dieser auf politische Emanzipation zielenden Bewegung. Der Risorgimento-Nationalismus war „links“: liberal, den Ideen der Französischen Revolution verpflichtet, auch wenn seine Vertreter dies, wie etwa im Falle Jahns, nicht wahrhaben wollten. Die Welt der absolutistischen Monarchien sollte überwunden und ein deutscher Nationalstaat geschaffen werden, der seinen Bürgern die Chance freier Entfaltung gewährleisten würde.

Den Unterschied zum rechtsextremen integralen Nationalismus gilt es im Unterricht herauszuarbeiten. Nicht mehr das friedliche Zusammenleben gleichberechtigter und politisch emanzipierter Nationen wurde angestrebt. Das Individuum sollte nunmehr seine Freiheit opfern zugunsten einer Unterordnung unter die Interessen der Nation, die als objektiv feststellbar verstanden wurden. Und diese Interessen galten als bedroht. Im Inneren wurden sie angeblich von sozialrevolutionären, marxistischen Bestrebungen in Frage gestellt, von außen durch die Machtentfaltung scheinbar aggressiver Nachbarn. Der Nationalismus wandelte sich zur reaktionären Integrationsideologie, die sich mit dem Sozialdarwinismus verband. Mussolini und Hitler sind die bekanntesten Vertreter dieser Entwicklungsstufe des Nationalismus.
Zu beachten ist, daß Schülern dieser Klassenstufe noch genauere Kenntnisse über den Faschismus, seine Ideologie und seine Verbrechen fehlen. Bruchstückhaftes Wissen kann aber angenommen werden.

---
[53] Alter, Nationalismus, S. 10
[54] Risorgimento (ital.: „Wiederentstehung“)-Nationalismus, abgeleitet vom italienischen Nationalismus der ersten Hälfte des 19. Jahrhunderts

Lernziele

Die Schüler erkennen
- den politischen Hintergrund der Entstehung der Turnerbewegung,
- Inhalt und Herkunft des Begriffes „Volkstum“,
- den emanzipatorischen Charakter des Risorgimento-Nationalismus,
- daß das Bildungsbürgertum Träger der frühen Nationalbewegung war.

Die Schüler erarbeiten
- die anfänglich nur latente Gegnerschaft von Nationalbewegung und deutschen Fürstenstaaten,
- daß E. M. Arndt die gemeinsame Muttersprache als das die Nation definierende Merkmal ansah,
- die Unterschiede zwischen Risorgimento-Nationalismus und integralem Nationalismus.

Verlaufsskizze

Unterrichtsschritt 1:
Friedrich Ludwig Jahn

Wenn ein aktueller Anknüpfungspunkt (z. B. Turnfest) nicht gegeben ist, kann zur Hinleitung von folgenden Fragen ausgegangen werden:
- Wer von Euch ist in einem Turnverein?
- Wie werden turnerische Wettkämpfe (etwa Gauturntage) durchgeführt?
- Welche Symbole sind dort zu sehen? Welche Abläufe sind üblich?
- Wer war Friedrich Ludwig Jahn? Warum wird von ihm häufig als „Turnvater Jahn“ gesprochen?

Mögliche Antworten:
- Turnerische Wettkämpfe werden hierzulande meist in traditionellen Ritualen durchgeführt: Ankunft der verschiedenen Turnvereine, die Stangen mit sich führen, an denen Wimpel und Fahnen befestigt sind; häufig ist darauf als Symbol der Buchstabe „F“ (= frisch, fromm, fröhlich, frei) zu sehen, so angeordnet, daß sich die Form eines Kreuzes ergibt. „Antreten“ der Wett„kämpfer“ in Riegen, die von einem Riegen„führer“ geleitet werden; Ansprachen der Funktionäre, die die beteiligten Turner meist mehr oder weniger gelangweilt über sich ergehen lassen; am Ende der Wettkämpfe erfolgt ein erneutes „Antreten“ in Riegen zur Siegerehrung; gemeinsamer „Abmarsch“ der Vereinsmitglieder.
- F. L. Jahn gilt als Begründer der Turnerbewegung.

Ein Schülerkurzreferat (= Hausaufgabe) informiert über die Biographie des F. L. Jahn. Dabei sollten, den Erwartungen der Klasse entsprechend, vor allem die Leistungen Jahns bei der Popularisierung des Turnens herausgehoben werden. Ein Hinweis auf seine Vorläufer (GuthsMuths, Vieht) ist in diesem Zusammenhang nicht erforderlich.

Kurzbiographie:
- Friedrich Ludwig Jahn wurde 1778 als Sohn eines Pfarrers in der Mark Brandenburg geboren. Ab 1796 studierte er Theologie, Geschichte und Germanistik. Im Jahre 1803 mußte er, wegen einer Prügelei, die Universität Greifswald verlassen. In den folgenden Jahren arbeitete er als Lehrer in Berlin und veröffentlichte mehrere Bücher: u. a. „Deutsches Volkstum“ (1810), „Deutsche Turnkunst“ (1816). Im Juni 1811 eröffnete er auf der Hasenheide vor den Toren Berlins den ersten Turnplatz, der rasch großen Anklang fand. Bei Kriegsausbruch 1813 trat er als Freiwilliger den Lützowschen Jägern bei. Nach Kriegsende nahm die Turnerbewegung in Berlin und auch außerhalb großen Aufschwung. Bis zu 500 Jugendliche besuch-

ten die Turnstunden Jahns auf der Hasenheide, die im Sommer jeden Mittwoch- und Samstagnachmittag stattfanden. Im März 1819 verbot die preußische Regierung das Turnen. Die beschlagnahmten Turngeräte ließ sie als Brennholz versteigern. Jahn selber wurde verhaftet und blieb bis 1825 im Gefängnis. Danach wurde er angewiesen, an einem Ort zu leben, der weder eine Universität noch ein Gymnasium hatte. Später erhielt er von der preußischen Regierung einen monatlichen Ehrensold für seine Tätigkeit im Kriege 1813–1815 gegen Napoleon. Jahn starb 1852.

Unterrichtsschritt 2:
Turnerbewegung und Nationalismus

Die Darstellung von Jahns zweitem Lebensabschnitt ab 1819 ruft die Frage nach den Motiven der preußischen Regierung hervor:

- Warum wurde eigentlich das Turnen verboten und Jahn aus dem öffentlichen Leben verbannt?

Die Beantwortung erfolgt in einer arbeitsunterrichtlichen Phase, in der die Schüler einen Auszug aus Jahns „Deutsche Turnkunst“ (s. Vorschlag für ein Arbeitsblatt, S. 79) untersuchen. Zwar wurde dieser Text erst im April 1816, also nach den Befreiungskriegen veröffentlicht, doch gibt es zahlreiche Belege dafür, daß er auch für Jahns politisches Denken vor 1813 repräsentativ ist.

Die Analyse des Textes wird ergeben, daß

- Jahn zwischen dem Turnen und dem politischen Denken einen engen Zusammenhang herstellte; genauer: Jahn sah die durch das Turnen erworbene körperliche Leistungsfähigkeit nicht als Selbstzweck, sondern als Schritt zur Steigerung der militärischen Leistungsfähigkeit. Den Kriegsdienst soll der Turner als „heiligste Pflicht“ betrachten.
- das Wort „deutsch“ zentraler Begriff des Abschnittes ist. Zweifellos stellt dieser Begriff einen hohen Wert in Jahns Denken dar: „undeutsches“ Verhalten wird für strafwürdig erklärt. In der Vergangenheit habe, so Jahn, das deutsche Volk eine für die gesamte Menschheit äußerst wichtige Aufgabe erfüllt („Weltretter“). Vom Turner forderte Jahn, daß er sich für die „deutsche Sache“ mit Hingabe einsetze.
- Worin diese „deutsche Sache“ besteht, wird hier nicht deutlich. Offenbar wird ihr aber durch Bewunderung oder Verteidigung nichtdeutscher kultureller und politischer Errungenschaften Schaden zugefügt. Es ist offensichtlich, daß Jahn mit seiner Kritik an der „Ausländerei“ zuallererst an französische Einflüsse dachte. Ohne Einschränkung wird alles abgelehnt: die napoleonische Machtpolitik, die Ideen der französischen Revolution, die französische Literatur und Philosophie usw. Gefordert wird dagegen die Bewahrung der „deutschen Volkstümlichkeit“, worunter Jahn das durch eine eigene Kultur geprägte „Wesen des deutschen Volkes“ verstand.[55]
- Kritik an der preußischen Regierung wird in diesem Textabschnitt nicht geübt. Von Preußen ist vielmehr nirgends die Rede. Allerdings wurde die Hingabe an die „deutsche Sache“ auch von den Untertanen des preußischen Königs verlangt. Insofern war auch die preußische Regierung angesprochen. Was war, wenn diese die preußischen Interessen nicht der „deutschen Sache“ unterordnete? Für die preußischen Untertanen mußte das, folgten sie Jahn, zur Gegnerschaft gegen die Berliner Regierung führen. Jahns Appell untergrub so die Treuepflicht gegen das Haus Hohenzollern. So gesehen konnte man in Berlin im „Turnvater“ einen politischen Gegner sehen, dessen Tätigkeit besser beendet werden sollte.

Vorschlag für ein Arbeitsblatt
(9. Stunde, Unterrichtsschritt 2)

... man (darf) nie verhehlen, daß des deutschen Knaben und deutschen Jünglings höchste und heiligste Pflicht ist, ein deutscher Mann zu werden und geworden zu bleiben, um für Volk und Vaterland kräftig zu wirken, unsern Urahnen, den Weltrettern, ähnlich. So wird man am besten heimliche Jugendsünden verhüten, wenn man Knaben und Jünglingen das Reifen zum Biedermanne als Bestrebungsziel hinstellt. Wer wider die deutsche Sprache freventlich tut oder verächtlich handelt, mit Worten oder Werken heimlich wie öffentlich – der soll erst ermahnt, dann gewarnt und so er von seinem undeutschen Tun und Treiben nicht abläßt, vor Jedermann vom Turnplatz verwiesen werden. Keiner darf zur Turngemeinschaft kommen, der wissentlich Verkehrer der deutschen Volkstümlichkeit ist und Ausländerei liebt, lobt, treibt und beschönigt.
Damit nun alle Knaben ihren Leib wohl bewahren und ihn ausbilden zur Gesundheit, Fröhlichkeit und Tapferkeit, so sind die Turnübungen angeordnet. Hier soll der deutsche Knabe festen Mut gewinnen, damit er im Frieden und im Kriege sich nicht feigherzig benehme, wenn's das Wohl des Vaterlandes gilt.

Jahn, Deutsche Turnkunst, S. 234 ff.

Frage:
Warum wurde in Preußen das Turnen verboten und der „Turnvater" Jahn aus dem öffentlichen Leben ausgeschaltet?

Unterrichtsschritt 3:
Die Idee des „deutschen Vaterlandes"

Nachdem am Beispiel der Turnerbewegung die tendenzielle Gegnerschaft von Nationalbewegung und deutscher Staatenwelt aufgezeigt wurde, soll nunmehr in einem weiteren Schritt jene Ordnungsidee vorgestellt werden, die von eben dieser Nationalbewegung propagiert wurde. Ernst Moritz Arndts berühmt gewordenes Lied „Was ist des Deutschen Vaterland?", 1813 geschrieben, sprach offen die zu klärenden Probleme der Loyalität, der Definition von Nationalität und der anzustrebenen Grenzen an (s. Vorschlag für ein Arbeitsblatt, S. 80).

Das Lied wird – wenn möglich – in vertonter Form präsentiert und hektographiert verteilt. Der Lehrer weist darauf hin, daß es 1813 sehr schnell populär wurde und dies im ganzen 19. Jahrhundert blieb.[56]

[55] Der Begriff „Volkstum" ist eine Wortprägung, die von Jahn stammt. Volkstum „ist das Gemeinsame des Volkes, sein innewohnendes Wesen, sein Regen und Leben, seine Wiedererzeugungskraft, seine Fortpflanzungskraft" (vgl. F. L. Jahn, Deutsches Volkstum, reclam-Druck, Leipzig 1936, S. 30)

[56] K. H. Schäfer, E. M. Arndt als politischer Publizist, S. 234

Vorschlag für ein Arbeitsblatt
9. Stunde, Unterrichtsschritt 3

Vom Deutschen Vaterland[57]

Was ist des Deutschen Vaterland?
Ist's Preußenland? Ist's Schwabenland?
Ist's wo am Rhein die Rebe blüht?
Ist's wo am Belt die Möwe zieht?
O nein! o nein!
Sein Vaterland muß größer sein.

...
Was ist des Deutschen Vaterland?
So nenne mir das große Land!
Gewiß es ist das Österreich,
An Siegen und an Ehren reich.
O nein! o nein!
Sein Vaterland muß größer sein.

Was ist des Deutschen Vaterland?
So nenne mir das große Land!
Ist's Land der Schweizer? Ist's Tirol?
Das Land und Volk gefiel mir wohl.
Doch nein! doch nein!
Sein Vaterland muß größer sein.

Was ist des Deutschen Vaterland?
So nenne mir das große Land!
Ist's was der Fürsten Trug zerklaubt?
Vom Kaiser und vom Reich geraubt?
O nein! o nein!
Das Vaterland muß größer sein.

Was ist das deutsche Vaterland?
So nenne endlich mir das Land!
So weit die deutsche Zunge klingt
Und Gott im Himmel Lieder singt,
Das soll es sein!
Das wackrer Deutscher, nenne dein.

...
Das ist das deutsche Vaterland,
Wo Zorn vertilgt den franschen Tand,
Wo jeder Franzmann heißet Feind,
Wo jeder Deutsche heißet Freund,
Das soll es sein.
Das ganze Deutschland soll es sein!
...

Fragen:

1. Warum ließ der Dichter dieses Lied zunächst anonym erscheinen?
2. Was haben vermutlich die Mitglieder der Turnbewegung von diesem „Kriegslied" gehalten?
3. Welche Antwort gibt der Dichter auf die am Anfang seines Liedes gestellte Frage?

[57] „Kriegslieder für Deutsche Soldaten", Berlin 1813, S. 7f.
Die fünf Lieder erschienen zunächst anonym.

Die an den Leitfragen orientierte Interpretation wird zu folgenden Ergebnissen führen:
- Das Kriegslied erschien anonym, weil der Dichter, Ernst Moritz Arndt, mit feindseligen Reaktionen der Berliner Behörden rechnete. Dies wohl deshalb, weil er in scharfer Form die bestehende staatliche Ordnung und die sie tragenden deutschen Fürsten angriff.
- Der Dichter argumentierte ähnlich wie F. L. Jahn. Die Franzosen wurden ohne Ausnahme zu Feinden erklärt und die deutschsprachigen Menschen aufgefordert, den bestehenden Staaten Preußen, Österreich, Schweiz usw. die Loyalität aufzukündigen.
- Der bestehenden staatlichen Ordnung setzte E. M. Arndt die Idee des „deutschen Vaterlandes" entgegen. Jeder, der Deutsch als Muttersprache spreche, solle sich als Glied eines einzigen Volkes, einer einheitlichen Nation fühlen. Und für diese Nation wird ein Staat gefordert, dessen Grenzen mit dem des deutschen Sprachraumes übereinstimmen solle.

Die Ergebnisse der Interpretation werden in einem Tafelbild (s. Stundenblatt) zusammengefaßt.

Unterrichtsschritt 4:
Merkmale des Risorgimento-Nationalismus

Das von F. L. Jahn benutzte Vokabular und die von E. M. Arndt propagierte Raumvorstellung werden bei den Schülern Assoziationen wecken, die die provozierende Lehrerfrage zulassen:

- Waren Jahn und Arndt Vorläufer Hitlers?

Die von den Schülern formulierten vergleichenden Aussagen werden gesammelt und, ergänzt von Zusatzinformationen, in ein Tafelbild (s. Stundenblatt) integriert.

Zusatzinformation:
- Nation, im Verständnis der frühen deutschen Nationalbewegung, ist eine Großgruppe, die sich aufgrund sprachlicher, kultureller und historischer Gemeinsamkeit als zusammengehörig empfindet *und*, im Gegensatz zum absolutistischen Untertanenverband, politische Selbstbestimmung fordert. (F. Meineckes Differenzierung von Staats- und Kulturnation sollte erst am Beispiel der „deutschen Frage" von 1848 vermittelt werden.)
- Nationalismus und Nationalbewegung sind zu verstehen als „eine Ideologie und zugleich als eine politische Bewegung ..., die sich auf die Nation und den souveränen Nationalstaat als zentrale innerweltliche Werte beziehen und die in der Lage sind, ein Volk oder eine Bevölkerungsgruppe politisch zu mobilisieren. Nationalismus verkörpert also in hohem Maße ein dynamisches Prinzip, das Hoffnungen, Emotionen und Handlungen auszulösen vermag".[58]
- Träger der Ideologie waren zunächst vor allem Angehörige des Bildungsbürgertums: Gelehrte, Schriftsteller, Geistliche, Lehrer und Studenten. Das Besitzbürgertum hat sich erst nach 1815 den Ideen des Nationalismus geöffnet.
- Die Forderung nach politischer Selbstbestimmung, die gegen den Herrschaftsanspruch der Monarchen gerichtet war, zeigt den engen, von der frühen deutschen Nationalbewegung oft geleugneten Zusammenhang mit den Ideen der Französischen Revolution.

Als Ergebnis des Vergleichs von Risorgimento- und integralem Nationalismus sollte herausgearbeitet werden:
- Der frühe Nationalismus war konstruktiv: er entwarf in einer Situation des Zusam-

[58] P. Alter, Nationalismus, S. 14

menbruchs eine Konzeption einer neuen staatlichen Ordnung in Europa, wie auch der Ausgestaltung der Beziehungen von Regierten und Regierenden im Nationalstaat.

- Hitlers Nationalismus war destruktiv: er negierte das Recht der anderen Nationen auf Selbstbestimmung – wie auch das der Angehörigen der deutschen Nation.

Exkurs:

Sollte von den Schülern als Wesensmerkmal des Nationalsozialismus insbesondere der Antisemitismus und der daraus resultierende Völkermord herausgestellt werden, kann darauf verwiesen werden, daß erste Anklänge dieses „völkischen" Antisemitismus bereits bei E. M. Arndt im Jahre 1814 feststellbar sind:
„Da nun aus allen Gegenden Europas die bedrängten Juden zu dem Mittelpunkt desselben, zu Deutschland, hinströmen und es mit ihrem Schmutz und ihrer Pest zu überschwemmen drohen, da diese verderbliche Überschwemmung vorzüglich von Osten her, nämlich aus Polen droht, so ergeht das unwiderrufliche Gesetz, daß unter keinem Vorwande und mit keiner Ausnahme fremde Juden je in Deutschland aufgenommen werden dürfen; und wenn sie beweisen könnten, daß sie Millionenschätze mitbringen."[59]

Hausaufgabe:

Das Jahr 1813 (s. Arbeitsblatt 8)

[59] E. M. Arndt, Ein Blick aus der Zeit auf die Zeit, 1814; zit. nach: L. v. Westphalen, Geschichte des Antisemitismus, S. 16

10. Stunde: Der Befreiungskrieg 1813/1814

Didaktische Vorbemerkung

Darstellende Texte in Geschichtsbüchern werden von Schülern der Sekundarstufe I fast nie hinterfragt: wer der Verfasser des eben gelesenen Abschnittes ist, wann er geschrieben wurde, wie er die von ihm geschilderten Personen und Ereignisse bewertet, erregt nicht das Interesse der Schüler. Sie verstehen vielmehr das Dargebotene als ein Wissen, das fest gesichert ist und von niemandem in Zweifel gezogen werden kann. Die Aussagen des Geschichtsbuches sind für sie genauso „objektiv" richtig, wie die des Mathematik- oder Physikbuches.
Dieser Einstellung soll in der folgenden Stunde entgegengewirkt werden. Gegensätzliche Aussagen in der Sekundärliteratur (Treitschke versus Mehring) ermöglichen es aufzuzeigen, daß in geschichtliche Erkenntnisse ideologische Grundpositionen mit einfließen, über die dem Leser nicht ausdrücklich Rechenschaft gegeben wird. Worin diese bei Mehring und Treitschke bestehen, kann ansatzweise herausgearbeitet werden. Der Nachweis, daß der Lehrbuchtext einem der beiden Historiker folgt und dadurch den anderen ablehnt – bei unserem Thema ist dies bei allen Büchern der neuesten Generation die Position Mehrings – verdeutlicht dem Schüler, daß die Beachtung des Autors eines Lehrwerkes von Bedeutung ist, weil er seinen scheinbar „objektiven" Text mit Werturteilen unterlegt hat.
Durch Aufnahme der terminologischen Diskussion des Vormärz um den Charakter des Krieges von 1813/14 („Freiheitskrieg" oder „Befreiungskrieg"?) in die Unterrichtsstunde wird dieser Ansatz weiter verfolgt. Eine dritte Möglichkeit bietet sich bei der Behandlung der Karlsbader Beschlüsse von 1819 („Demagogenverfolgung" oder „Ver-

folgung der Patrioten“?). Hier hat sich der Sprachgebrauch der Reaktion („Demagogenverfolgung“) bis in die Lehrbücher der Gegenwart gehalten. Gelegentlich wird von der „sogenannten Demagogenverfolgung“, selten von der „Verfolgung der Patrioten“ gesprochen.
Die Thematisierung von Friedrich Wilhelms Abneigung gegen den Begriff „Freiheitskrieg“ bietet darüber hinaus noch weitere Vorteile. Sie ermöglicht den sinnvollen Einbau einer Wiederholungsphase, in der die aus der Französischen Revolution stammenden Ordnungsideen des vormärzlichen Liberalismus rekapituliert werden. Zum anderen aber kann gezeigt werden, daß in der preußischen Reformära einige der dringenden Probleme nur ausgeklammert, nicht aber ausdiskutiert und gelöst wurden. Der Kampf um politische Partizipation der Regierten, die Forderung nach einer geschriebenen Verfassung machen den Kern der politischen Geschichte Preußens und Deutschlands im Vormärz aus.

Lernziele

Die Schüler erkennen, daß
- darstellenden Texten in Geschichtslehrwerken zum Thema „Befreiungskrieg“ Entscheidungen zugunsten einer von zwei konträren Forschungspositionen zugrunde liegen,
- der Lehrbuchautor durch seine Entscheidung für eine der Positionen Wertungen in seinen Text einfließen läßt,
- nicht die Kriegsbegeisterung und Kampfesbereitschaft preußischer Freiwilliger, sondern die Arbeit von Diplomaten letztendlich über den Erfolg der Befreiungskriege entschied,
- die Verfassungsfrage in Preußen und damit die Frage der politischen Mitsprache der preußischen Untertanen ungelöst blieb.

Die Schüler erarbeiten
- die Divergenz zweier fachwissenschaftliche Aussagen über die Motive und das Verhalten Friedrich Wilhelm III. bei Ausbruch des Krieges von 1813,
- eine chronologische Tabelle zu den politischen und militärischen Ereignissen der Jahre 1813/14.

Die Schüler beurteilen
- die Bedeutung der terminologischen Auseinandersetzung um die Begriffe „Freiheitskrieg“ und „Befreiungskrieg“.

Verlaufsskizze

Unterrichtsschritt 1:
Kabinettskrieg oder Volkskrieg?

Mit der Besprechung der Hausaufgabe (= Vergleich der Texte von Treitschke und Mehring) wird die Stunde eingeleitet. Dabei ist eine Charakterisierung der Autoren zunächst nicht sinnvoll, weil dies die unvoreingenommene Untersuchung der Texte erschweren würde.

Erwartete Lösungen:
- Treitschke behauptete, daß sich in Preußen 1813 eine neue Aufbruchsstimmung gezeigt habe, wohl als Folge der im Heer und in den anderen Bereichen durchgeführten Reformen. Mit „Trümmern“ waren die etwa 50000 Mann der „Grande Armée“ gemeint, die den Rußlandfeldzug von 1812 überlebt hatten und im Januar 1813, halb verhungert, häufig krank und kaum mehr bewaffnet, Preußens Ostgrenze erreichten.
  (Anmerkung: Das Elend dieser wenigen Überlebenden – etwa 10% bei den Mannschaften – löste Betroffenheit aus. Angriffe der Zivilbevölkerung auf diese Truppen [= „Spanierart“] gab es nur wenige.)

Vorschlag für ein Tafelbild
(10. Stunde, Unterrichtsschritt 1)

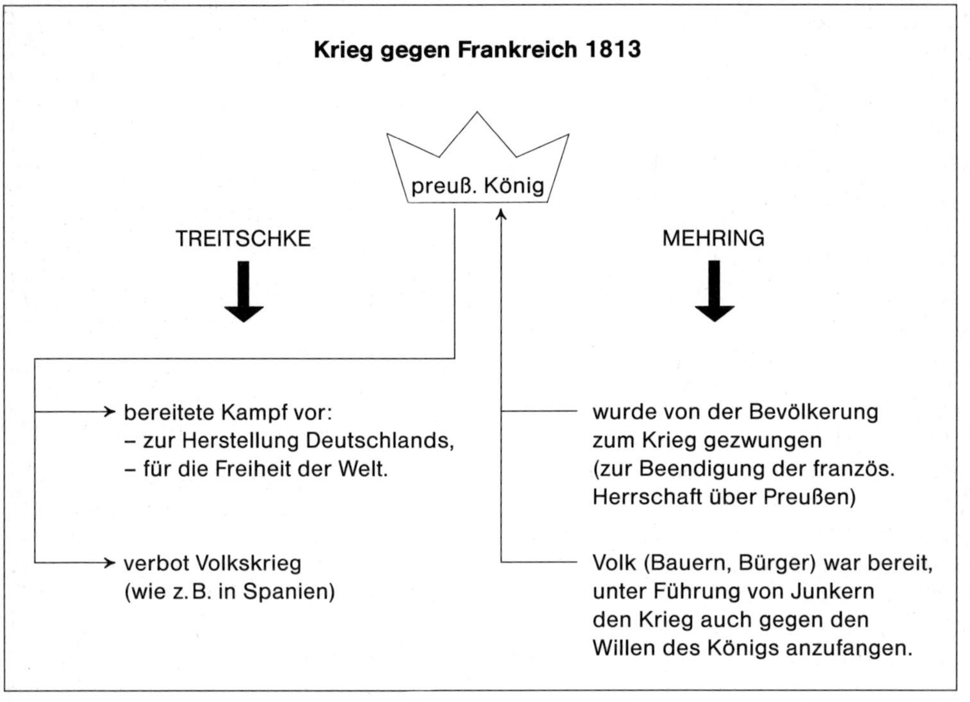

- Treitschke behauptet, daß die Bevölkerung den Anordnungen des Königs gehorchte und sich der Monarchie verbunden fühlte.
- Durch die Agrarreformen fühlten sich viele adelige Gutsbesitzer – wie v. d. Marwitz – geschädigt, vor allem durch die Aufhebung der Leibeigenschaft und des Gesindezwangsdienstes.
- Mehring behauptet, daß man von einer bereitwilligen Unterordnung unter den Willen des Königs nicht sprechen kann. Vielmehr seien breite Kreise aus allen Schichten der Bevölkerung bereit gewesen, auch gegen den erklärten Willen des Königs zu handeln.
- Nach Treitschke ging die Initiative zum Kampf gegen Napoleon vom König aus. Er hatte das Ziel, die französische Hegemonie über Europa zu brechen. Dabei habe er auch zum Mittel der Täuschung greifen müssen. Es sei ihm gelungen, die Massen aus dem politischen und militärischen Geschehen herauszuhalten.
  Nach Mehring aber bestand für die preußische Regierung die Gefahr eines Zusammenbruchs ihres Einflusses auf die Untertanen. Gruppen standen im Begriff, ohne und auch gegen den Willen des Königs zu handeln. Die Initiative zum Kampf sei von Bürgern, Bauern und Junkern ausgegangen.

Die erarbeiteten Lösungen werden in einem Tafelbild (s. oben) zusammengefaßt.

Unterrichtsschritt 2:
Der Kriegsverlauf 1813/14

Vom Tafelbild (s. S. 84) ausgehend formuliert der Lehrer die Fragen:
- Wer hat recht?
- Welche Argumente sprechen für Treitschke, welche für Mehring?

Die Schüler werden aufgefordert, mit Hilfe ihres Lehrbuches die Antworten selbst zu finden.
(Geeignete Lehrbuchtexte in: Geschichte und Geschehen 9, S. 98f.; Geschichte 3 N, S. 97; Geschichte 3, Ausgabe C, S. 76; Zeiten und Menschen 3, S. 52–54; Spiegel der Zeiten 3, S. 114–118; Menschen in ihrer Zeit 3, S. 92f.).

Als Vorgabe für die arbeitsunterrichtliche Phase wird darauf hingewiesen, daß die Schüler zuerst aus dem Lehrbuchtext eine chronologische Tabelle (s. rechte Spalte) der Ereignisse der Jahre 1813/14 erstellen sollten. Bei der Durchsicht des Lehrbuchabschnittes soll sorgfältig untersucht werden, ob der jeweilige Autor eher der Position Treitschkes oder der Mehrings zuneigt.
Erwartetes Untersuchungsergebnis zur Position des Lehrbuchautors (Beispiel: Geschichte und Geschehen 9, S. 98f.):
- Ein Urteil über den Anteil des preußischen Königs am Ausbruch und Verlauf des Krieges wird an mehreren Stellen des Textes deutlich:
  Tauroggen: General Yorck handelte ohne Ermächtigung durch den König;
  preuß. Aufrüstung: der König widerstrebte, in der Öffentlichkeit herrschte Begeisterung;
  „Aufruf an mein Volk“: der König wurde dazu gedrängt, die Menschen reagierten mit Opferbereitschaft und freiwilligen Meldungen zur Armee;
  Waffenstillstand: Diplomaten schufen in dieser Zeit die größte Koalition, die es gegen Napoleon gegeben hat;

Die Ereignisse 1813/14:

Dez. 1812:	Konvention von Tauroggen preuß. Aufrüstung unter Bruch der von Napoleon festgelegten Beschränkungen
Feb. 1813:	russ.-preuß. Bündnis
März 1813:	preuß. Kriegserklärung an Frankreich Frühjahrsfeldzug, ohne entscheidende Erfolge für eine der beiden Seiten
Juni 1813:	sechswöchiger Waffenstillstand
Aug. 1813:	Friedensverhandlungen in Prag scheiterten Kriegseintritt Österreichs und Englands gegen Napoleon
Okt. 1813:	Bayerns Austritt aus dem Rheinbund „Völkerschlacht“ von Leipzig
Nov. 1813:	franz. Truppen räumten die rechtsrheinischen Gebiete Zerfall des Rheinbundes
März 1814:	Einmarsch der Verbündeten in Paris Abdankung Napoleons

nach: Geschichte 3 N,S. 97

„Völkerschlacht“ von Leipzig: die Armeen der neuen Koalition besiegten Napoleons Truppen vernichtend.
- Was die Ereignisse bis zum März 1813 anlangt, kann gesagt werden, daß sich der Lehrbuchautor weitgehend der Sicht F. Mehrings anschließt und die Darstellung Treitschkes ablehnt. Der König von Preußen erscheint nicht als umsichtiger Planer, sondern als Zauderer, der vor der öffentlichen Begeisterung zurückwich und die Reformer widerwillig gewähren ließ.
- Nach den Märzereignissen wird im Lehrbuch der preußische König nicht mehr erwähnt; auch Hinweise auf das Verhalten der preußischen Bevölkerung fehlen vollkommen. Als kriegsentscheidend stellt der Lehrbuchtext vielmehr das Werk der Diplomaten heraus.

Vorschlag für eine Folie
(10. Stunde, Unterrichtsschritt 2)

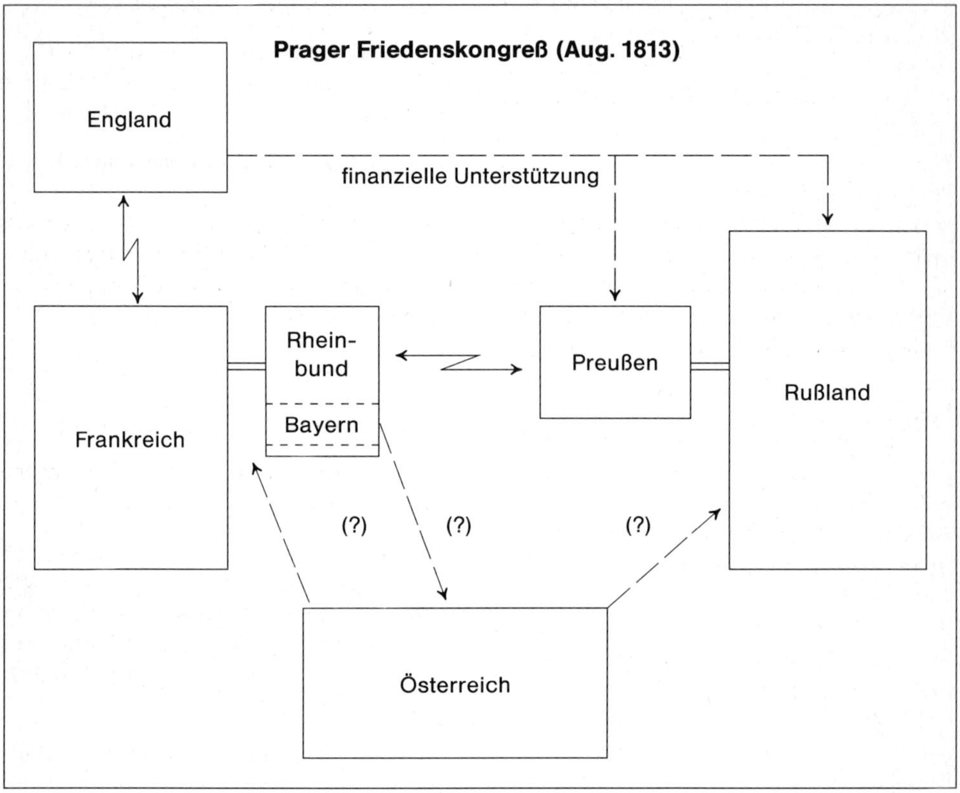

Exkurs:

Zur raschen Information über die diplomatischen Kämpfe im August 1813 kann die Folie (s. oben) eingesetzt werden. Sie soll einsichtig machen, daß in der Situation des annähernden militärischen Gleichgewichts nach den Schlachten von Groß-Göschen und Bautzen im Mai 1813 der schließlich errungene Erfolg nicht vom Kampfeswillen der preußischen Verbände und deren russischen Alliierten abhing, sondern von der Entscheidung Österreichs. Der Allianz, der Wien beitrat, fiel das militärische Übergewicht und damit mittelfristig der Sieg zu.

Unterrichtsschritt 3 (fakultativ):
Die Standortgebundenheit historischer Erkenntnis

In leistungsstärkeren Klassen kann nunmehr der Versuch gemacht werden, ein erstes Verständnis für die Erkenntnisprobleme der Geschichtswissenschaft zu wecken. Vom Lehrer wird die Diskussion mit folgender Frage eröffnet:

– Wie kommt es, daß zwei bedeutende Geschichtswissenschaftler (Mehring und Treitschke) zu geradezu entgegengesetzten Urteilen über das Verhalten des preußischen Königs im Frühjahr 1813 kamen?

Diskussionsbeiträgen, die unterstellen, daß für die ältere Darstellung nicht all die Quellen zur Verfügung gestanden hätten wie für die jüngere, kann entgegengehalten werden, daß bereits Zeitgenossen Friedrich Wilhelms dem König eine zögerliche Haltung vorgeworfen haben. Dies hat auch Treitschke gewußt.

Weiterführende Frage:
- Warum hat Treitschke die Zurückhaltung des Königs als politisch notwendige Täuschung des Gegners erklärt, während Mehring andererseits Handlungsunwilligkeit unterstellte?

Mögliches Diskussionsergebnis:
- Beide Geschichtswissenschaftler gingen schon mit unterschiedlichen Meinungen über die preußische Monarchie an ihr Werk. Treitschke war von vornherein bereit, dem König positive Motive zu unterstellen. Dies hat dann sein Urteil über das Jahr 1813 gefärbt. Für Mehring gilt dagegen, daß er als Gegner der Monarchie von vornherein Friedrich Wilhelm III. mit Skepsis gesehen hat.

Dieses Ergebnis kann durch folgende Frage ausgebaut werden:
- Welche Schlußfolgerungen werden dem Leser in den beiden Texten nahegelegt?

Mögliche Antworten:
- Treitschke vermittelt dem Leser den Eindruck, daß sich die monarchische, damals absolutistische Staatsform in der Situation der Krise bewährt habe. Der Leser konnte daraus den Schluß ziehen, daß Königstreue und die Beibehaltung der Monarchie politisch wünschenswert seien.
- Mehring hingegen stellt den König als unfähig dar. Die angebliche Königstreue der Junker sei nur etwas Vordergründiges gewesen. Im entscheidenden Augenblick hätten die verschiedenen Schichten des Volkes selbständig gehandelt, den König und seinen Kanzler nicht benötigt. Die Monarchie sei in dieser Situation eine überflüssige Einrichtung gewesen.

In einem Tafelbild (s. Stundenblatt) können diese Ergebnisse während der Diskussion festgehalten werden.

Als Schlußfolgerung wird folgende Erkenntnis angestrebt:
Die Unterschiede in der Darstellung des preußischen Königs können durch unterschiedliche politische Grundpositionen der Autoren bedingt sein.

Unterrichtsschritt 4:
„Freiheitskrieg" oder „Befreiungskrieg"?

Den Schülern wird ein Zitat aus F. Schnabels „Deutsche Geschichte"[60] diktiert.[61]

> Darum sprach man (1813) vom „Freiheitskrieg", in den man zog; erst nach errungenem Siege wurde die Bezeichnung „Befreiungskrieg" üblich, weil Friedrich Wilhelm das Wort Freiheit nicht liebte ...

Zum Einstieg in die Interpretation dienen folgende Fragestellungen:
- Weshalb legte Friedrich Wilhelm großen Wert auf die Bezeichnung „Befreiungskriege"?
- Worin liegt der Unterschied zwischen „Freiheitskrieg" und „Befreiungskrieg"?
- Weshalb hatte der preußische König eine Abneigung gegen das Wort „Freiheit"?
- Welchen Begriff benutzt der Autor Deines Geschichtsbuches?

---

[60] F. Schnabel, a.a.O., Bd 1 S. 498

[61] Lernschwächeren Gruppen sollte auch der nachfolgende Satz diktiert bzw. zur Zeiteinsparung auf einer Folie projiziert werden:
„... und weil er den Wunsch hegte, daß seine Untertanen mit der Beseitigung des napoleonischen Joches das Ziel des Krieges erfüllt sehen möchten".

Erwartetes Gesprächsergebnis:
- Der Begriff „Befreiungskrieg“ bezeichnet klar den Gegner (Napoleon) und das Kampfziel: Beendigung der französischen Macht über Preußen.
- Der Begriff „Freiheitskrieg“ ist weniger klar. Mit der Vertreibung der französischen Besatzungsmacht war der Zustand der „Freiheit“ für viele Preußen möglicherweise noch nicht erreicht. Ein ostpreußischer Bauer z. B. verstand wohl unter Freiheit etwas anderes als der adelige Gutsbesitzer, dem er Abgaben leisten mußte; und ein Berliner Student, der als Freiwilliger kämpfte, verstand darunter wieder etwas anderes als der Polizeipräsident der preußischen Hauptstadt.
- Freiheit bezieht sich nicht in erster Linie auf das Verhältnis zwischen zwei Staaten, sondern auf die Beziehungen zwischen Individuen.
- Was Freiheit ist, das hängt von der Situation und Sichtweise des einzelnen ab. Der Zustand der Freiheit ist dann in etwa erreicht, wenn das Individuum der Meinung ist, daß kein Zwang zu drückender und ungerechtfertigter Unterordnung besteht.
- Für den König von Preußen war das Wort „Freiheit“ vermutlich auch deswegen ein Greuel, weil es eines der zentralen Schlagworte der französischen Revolutionäre ab 1789 gewesen war: Freiheit, Gleichheit, Brüderlichkeit!

Exkurs:

Dieser Hinweis auf die Programmatik der Französischen Revolution sollte zu einer Wiederholung genutzt werden.
Lehrerfrage:
- Was verstanden die Revolutionäre von 1789 unter „Freiheit“?

Erwartete Schülerantworten:
- „Freiheit“ wurde als ein unveräußerliches Recht in der Erklärung der Menschen- und Bürgerrechte im August 1789 gefordert.
- Konkret war damit die Freiheit der Meinungsäußerung, der Religionsausübung, des Eigentums gemeint.
- Der Freiheitsbegriff dieser Erklärung steht im engsten Zusammenhang mit der Forderung der Volkssouveränität, der Gewaltenteilung, einer geschriebenen Verfassung, Mitwirkung an der Gesetzgebung durch Repräsentation der Regierten in einem Parlament.

Die Beiträge der Schüler werden auf einer Tafelseite notiert (s. Stundenblatt), das Tafelbild wird im weiteren Verlauf des Unterrichts vervollständigt.

Weiterführende Lehrerfrage:
- Und wie stand es mit der „Freiheit“ in Preußen?

Die Schüler werden feststellen, daß diese Ideen der Französischen Revolution in Preußen nicht zum Tragen gekommen waren. Diese Äußerung wird im Lehrervortrag ergänzt:
- Der König hatte 1810 und 1813 verkünden lassen, daß Preußen eine Verfassung erhalten werde. Er hat dieses Versprechen nicht eingehalten.
- Vom Frühjahr 1812 bis zum Frühjahr 1813 hatte eine „Nationalrepräsentation“ getagt. Sie bestand aus 18 Vertretern des Adels, 14 Vertretern der Städte und 9 Vertretern der Bauern. Sie sollte Maßnahmen zur Behebung des finanziellen Staatsnotstandes zustimmen. Diese Versammlung erwies sich als widerspenstig. Daraufhin wurde eine Vertretung, die für die Stände des ganzen Königreiches sprechen sollte, von Friedrich Wilhelm nicht mehr einberufen.

Hausaufgabe:
„Das Prinzip des Gleichgewichts“ (Arbeitsblatt 9)

11. Stunde: Der Wiener Kongreß

Didaktische Vorbemerkung

Im Zeitalter der westeuropäischen Einigung ist es durchaus angemessen, die Vorgänge der Jahre 1814/15 von einem gesamteuropäischen Standpunkt her darzustellen. Verfährt man so, stellt sich die Frage, ob der Zusammenbruch des Empire nicht auch als Scheitern des Versuchs zu sehen ist, die Staaten Europas in „einer großen Konföderation ... um Frankreich herum“[62] zusammenzuschließen. Für den heutigen Integrationsprozeß ist daraus die Erkenntnis abzuleiten, daß die hegemonialen Bestrebungen Napoleons kontraproduktiv waren. Die Nationalismen der unterworfenen Völker haben dieser Art der Einigung bald heftig widersprochen.
In der Unterrichtsstunde sollte auch verdeutlicht werden, daß auch die Sieger die Notwendigkeit sahen, Europa politisch zu organisieren, das Zusammenleben der europäischen Staaten auf für alle verbindliche Regulative aufzubauen. In Wien wurde der Struktur der Hegemonie die des Gleichgewichts der Großmächte, die Pentarchie, entgegengestellt.
Den Schülern sollte vermittelt werden, daß diese Konzeption nur vordergründig „gesamteuropäisch“, d. h. den staatlichen Egoismen übergeordnet, gedacht war. Denn die „balance of power“ sollte Gültigkeit nur auf dem Kontinent haben. Ihr hatte, so das stillschweigende „agreement“ der Kongreßteilnehmer, eine unangefochtene maritime Hegemonie Englands zu korrespondieren.

In dieser, die Unterrichtseinheit abschließenden Stunde sollte aber nochmals die Frage nach der „großen Persönlichkeit“ aufgeworfen werden. Dabei kann es nicht darum gehen, daß Schüler der Sekundarstufe I das geschichtsphilosophisch offene Problem voll ausloten. Vielmehr kann mit Hilfe der in dieser Sequenz erworbenen Kenntnisse das Gewicht der Strukturen hervorgehoben und einer etwaigen Bereitschaft zum Geniekult entgegengewirkt werden.

[62] Bergeron, Zeitalter, S. 144

Lernziele

Die Schüler erkennen
- die herausragende Bedeutung Metternichs und Castlereaghs für die Neuordnung Europas 1814/15,
- die Brüchigkeit der Allianz der Sieger,
- die Ziele und Wirkungsweise des Gleichgewichtssystems,
- die Unvereinbarkeit der neuen Ordnung Europas mit den Zielen des polnischen, italienischen und deutschen Nationalismus.

Die Schüler erarbeiten
- die Grenzziehungen innerhalb des 1815 geschaffenen Staatensystems,
- die politischen Aussagen von Werken der darstellenden Kunst zum Wiener Kongreß.

Die Schüler beurteilen
- das Handeln Napoleons auf dem Hintergrund der Diskussion um das Wirken der „großen Männer“.

Unterrichtsschritt 1:
Der Wiener Kongreß in der Sicht des Künstlers

Mit der Betrachtung einer in Frankreich 1814 erschienenen Karikatur (Arbeitsblatt 10) wird die Stunde eröffnet.
Zunächst werden die dargestellten Personen vom Lehrer – den Nummern des Bildes folgend – benannt:

1. König Ferdinand VII. von Spanien; 2. König Friedrich Wilhelm III. von Preußen; 3. Kaiser Franz I. von Österreich; 4. König Ludwig XVIII. von Frankreich; 5. Zar Alexander von Rußland; 6. Napoleon; 7. Wellington, brit. Feldmarschall; oben rechts, bereits außerhalb des Saales: Cambacères und andere Gehilfen Napoleons; unten rechts: Joachim Murat, Schwager Napoleons, König von Neapel, der sich 1813 von Napoleon losgesagt hatte.

Fragen zur Auswertung der Karikatur:
- Welche Art von Hilfe gewährt Wellington dem offenbar kranken Napoleon?
- Wie reagieren die anderen Anwesenden auf Napoleons Zustand?
- Läßt der Zeichner besondere Zuneigung oder Abneigung für die einzelnen Dargestellten erkennen?
- Welches Ereignis wollte der Künstler kritisch kommentieren?

Erwartete Auswertungsergebnisse:
- Der nur scheinbar besorgte Wellington „hilft" Napoleon dabei, das von sich zu geben, womit er sich den Magen vollgestopft hat: die von ihm „geschluckten" Regionen Europas.
- Die anwesenden Monarchen sind damit beschäftigt, das einzustecken und unter dem Arm wegzutragen, was der Korse von sich gibt. Dabei reißen sich der Zar und der österreichische Kaiser um die gleichen Länder. Zu Füßen des Zaren liegt unbeachtet ein Stück mit der Aufschrift „Pologne" (= Polen), das sich noch niemand angeeignet hat. Joachim Murat darf nur von außen zuschauen. Ihm entfällt gerade eine Rolle mit der Aufschrift „Napels" (= Neapel).
- Kaiser Franz wird als besonders raffgierig dargestellt. Er hat schon einen ganzen Sack gefüllt. Der Zar hingegen scheint weniger am Erwerb (von Ländern) interessiert zu sein. Im Gegenteil: Er überreicht sogar ein Geschenk. Der Bourbone Ludwig XVIII., der Bruder des 1793 geköpften französischen Königs, erhält von ihm eine Krone. Überhaupt steht der Zar, das Bild beherrschend, in der Mitte. Er überragt offenbar alle anderen an Bedeutung.
- Der Karikaturist tat seine Meinung zu den Folgen des Zusammenbruchs des napoleonischen Kaiserreiches kund. Er erwartete eine Neuverteilung der französischen Eroberungen unter den Siegermächten.
- Er spielte damit auf den geplanten Kongreß an, den die Sieger im Herbst 1814 in Wien eröffnen sollten, um den europäischen Staaten ein friedliches Zusammenleben für lange Zeit zu ermöglichen.

Alternative:

Betrachtung des Stiches von Isabey, Der Wiener Kongreß (in: Geschichte und Geschehen 9, S. 100; Geschichtliche Weltkunde 2, S. 184; Spiegel der Zeiten 3, S. 123; Zeiten und Menschen, 3, S. 56; Menschen in ihrer Zeit 3, S. 95).
Im Lehrervortrag wird eine knappe Zusatzinformation zu den Erläuterungen in den Lehrbüchern gegeben:
- Im Herbst 1814 versammelten sich die Vertreter der europäischen Staaten in Wien zu einem Kongreß, der bis ins Frühjahr 1815 tagte.
- Der Stich zeigt die Diplomaten bei einer Verhandlungspause, in der Metternich den neu angekommenen englischen Vertreter Wellington (ganz links stehend) den Anwesenden vorstellt.
- Die Szene kann es in Wirklichkeit nicht gegeben haben, da die englischen Vertreter Castlereagh und Wellington nicht gleichzeitig in Wien weilten.
- Der Künstler Jean Baptiste Isabey hatte im Auftrag Napoleons eine Reihe von bedeutenden Gemälden hergestellt, die

der napoleonischen Propaganda dienten. Er war nach dem Sturz des Korsen im Herbst 1814 auf Einladung des französischen Verhandlungsführers Talleyrand mit an die Donau gereist. Sein Wiener Atelier wurde bald ein gern aufgesuchter Ort der politischen Prominenz. Die Delegierten saßen ihm für Porträtskizzen. Der Stich wurde so zu einem fast offiziösem Dokument der Selbstdarstellung der Versammelten.

Fragen zur Auswertung:
- Welche Personen sind besonders hervorgehoben?
- Weshalb hat Isabey gerade diese Männer herausgestellt?
- Wer fehlt? (Läßt sich dafür ein Grund vermuten?)
- Welche Aufgabe hatte diese Diplomatenversammlung?

Erwartete Antworten:
- Besonders hervorgehoben sind der Engländer Castlereagh, der im Mittelpunkt sitzt, der im Vordergrund stehende Metternich, der den Betrachter anschauend, auf Castlereagh hinweist, sowie der rechts im Vordergrund sitzende Talleyrand, der gleichfalls einen festen Blick auf den Betrachter richtet.
- Diese drei Diplomaten sind die Repräsentanten der großen europäischen Mächte. Allerdings fehlen hierbei die Vertreter der beiden anderen europäischen Großmächte der damaligen Zeit, Rußland und Preußen.
- Der Verhandlungsführer Rußlands, Graf Nesselrode, befindet sich zwar in unmittelbarer Nähe Metternichs (vom Betrachter aus gesehen rechts hinter ihm, leicht über den Sessel des portugiesischen Vertreters gebeugt), doch gehört er dem weniger hervorgehobenen Personenkreis des Hintergrundes an. Der Vertreter Preußens, Fürst Hardenberg, befindet sich hingegen im Vordergrund, ganz links sitzend, doch da er nur im Profil vorgestellt wird und sich im Halbschatten befindet, erregt er nicht sogleich die Aufmerksamkeit des Betrachters.
- Durch dieses Arrangement der Personen sollte eine Wertung ihrer Bedeutung für das Kongreßgeschehen zum Ausdruck gebracht werden. Castlereagh und Metternich wurden als dominierende Akteure charakterisiert. Die Vertreter Rußlands und Preußens, die sich in einem Kreis mit den beiden oben Genannten befinden, werden als weniger wichtig eingeordnet. Ihre Bedeutung wird noch durch die Einbeziehung des Portugiesen Palmella weiter relativiert. Der Vertreter des besiegten Frankreichs, Talleyrand, gehört offenbar nicht zum „inneren Zirkel" des Kongresses. Aber er wird auch nicht als isolierter Außenstehender vorgeführt. Er sitzt mit am Verhandlungstisch und ist im Kreis der Diplomaten eine anerkannte und herausragende Gestalt.
- Es kann angenommen werden, daß Isabeys Darstellung, die in ihrer Grundkonzeption wohl schon im Januar 1815 festlag[63], von Talleyrand beeinflußt wurde. Es sollte wohl die Auffassung deutlich werden, daß unter den Siegern eine besonders enge Zusammenarbeit zwischen Österreich und England bestand, daß Rußland und Preußen davon ausgenommen waren, daß eine geschlossene Koalition der Siegermächte nicht mehr bestand. Ferner wurde mit der Komposition vermittelt, daß Talleyrand für Frankreich eine gleichberechtigte Stellung mit England und Österreich anstrebte.
- Die Diplomaten fast aller europäischer Staaten hatten sich im Winter 1814/15 in Wien versammelt, um über eine neue Staatenordnung zu beraten, die dem Kontinent nach einem Vierteljahrhundert der

[63] vgl. Der Wiener Kongreß 1814/15, S. 170

fast ununterbrochenen Kriege eine möglichst lange währende Friedenszeit bringen sollte.

Unterrichtsschritt 2:
Die territoriale Neuordnung Europas auf dem Wiener Kongreß

Die territorialen Kongreßbeschlüsse werden von den Schülern selbständig, am besten in Partnerarbeit, durch Kartenvergleich festgestellt. Zur Zielorientierung werden auf der Seitentafel folgende Fragen notiert:
- Wie sah die in Wien vereinbarte Friedensordnung aus?
- Wodurch unterschied sie sich vom hegemonialen System Napoleons?

Materialien für die arbeitsunterrichtliche Phase: Karten in den Geschichtsatlanten, z. B.
- Putzger, S. 82/83 – S. 88/89 – S. 90/91;
- Völker, Staaten und Kulturen; S. 64/65 – S. 71 – S. 72/73;
- List/Oldenbourg, S. 60 Karte I u. II – S. 61 Karte I.

Erwartete Arbeitsergebnisse:

- Frankreich wurde auf die vorrevolutionären Grenzen beschränkt.
- An der Weichsel wurde das von Napoleon 1807 wieder geschaffene polnische Staatswesen (= Herzogtum Warschau) mit Rußland in Personalunion vereinigt. Die westlichen Gebiete um Posen und Gnesen fielen wiederum an Preußen. Ein unabhängiger polnischer Staat entstand also nicht mehr.
- Neues wurde im Gebiet der Rheinmündung geschaffen: Holland wurde nicht nur wieder unabhängig, sondern auch um die ehemaligen österreichischen Niederlande (Flandern, Wallonien und Luxemburg) erweitert.
- In Italien entstand die vorrevolutionäre Staatenwelt wieder. Allerdings wurde die Republik Venedig nicht wieder hergestellt. Sie wurde, einschließlich ihrer adriatischen Nebengebiete, zu Österreich geschlagen, das damit weite Teile Italiens beherrschte.
- In Deutschland entstand kein einheitliches Staatswesen, so wie es etwa in England, Frankreich und Spanien bestand. Die nach 1803 entstandenen Mittelstaaten, die Mitglieder des Rheinbundes, blieben erhalten; die kleinen Herrschaften und die geistlichen Herrschaftsgebiete blieben mediatisiert. Preußen erhielt die nordöstliche Hälfte des Königreichs Sachsen und große zusammenhängende Gebiete in Westfalen, am Niederrhein und an der Mosel und wurde so zum direkten Nachbarn Frankreichs. Dieses „Rheinpreußen“ war jedoch vom ostelbischen Preußen durch hannoversche und hessische Gebiete getrennt.
- Die napoleonischen Neuschöpfungen, das Königreich Westfalen und das Großherzogtum Berg, wurden aufgelöst und fielen an Preußen bzw. an Kurhessen.

Unterrichtsschritt 3:
Das Prinzip des Gleichgewichts

Im Anschluß an die arbeitsunterrichtliche Phase zur territorialen Neugestaltung Europas 1814/15 wird nun vom Lehrer mit nachfolgender Fragestellung zur Besprechung der Hausaufgabe übergeleitet:
- Weshalb glaubten die Diplomaten, daß mit dieser neuen Staatenordnung der Frieden in Europa gesichert sei?

Erwartete Schülerantworten:

- Die Erhaltung der neuen Ordnung sollte durch das Gleichgewicht der europäischen Großmächte gewährleistet werden.

- Die Lehre von der „balance of power“ beinhaltete den Verzicht auf Expansion (= Ausdehnung). Sollte jedoch eine der Großmächte das bestehende Gleichgewicht (= Status quo) umzustoßen versuchen, dann hatten die übrigen Großmächte zusammenzuwirken, um dies zu verhindern.
- Voraussetzung für diese ständige Kooperationsfähigkeit war, daß jede Großmacht zu jedem Zeitpunkt mit den anderen Großmächten Bündnisse zur Wahrung des Status quo eingehen konnte. Es durften also keine besonders tiefgehenden freundschaftlichen oder feindseligen Beziehungen zwischen einzelnen Großmächten bestehen.

Das Gesprächsergebnis wird zusammengefaßt und als Tafelbild festgehalten (s. Stundenblatt).

Unterrichtsschritt 4:
Kritik des Gleichgewichtssystems

Zur Kritik dieser Struktur der internationalen Beziehungen wird durch weitere Lehrerfragen angeregt:
- Wie sieht Paul Noack (Hausaufgabe) das Gleichgewichtssystem: eher positiv oder eher negativ?
- Wie haben die Zeitgenossen um 1815 auf die Idee der „balance of power“ reagiert?

Mögliche Antworten:
- Der Autor beschränkt sich weitgehend auf eine Aufzählung von Fakten. Bei seiner Gegenüberstellung der Machtverhältnisse auf dem Kontinent und den Weltmeeren läßt er allerdings deutlich werden, daß das Gleichgewichtssystem den Interessen der Großmächte nicht gleichermaßen gerecht wurde. Vielmehr wird gesagt, daß die Verhinderung der Expansion nicht für alle Großmächte galt. Das Gleichgewichtssystem war geradezu die Voraussetzung für die überseeische Expansion Englands, war also eine Fassade, die in erster Linie der Durchsetzung der Interessen des Inselstaates diente.
- Das in Wien wiedergeschaffene europäische Gleichgewicht setzte die weitere Teilung Polens und den Verzicht auf einen selbständigen polnischen Staat voraus. Dies ist bei patriotischen Polen auf Ablehnung gestoßen. (Der Lehrer kann ergänzen, daß Ähnliches für Italien gilt.)
- Auch die Forderungen von E. M. Arndt, F. L. Jahn und anderer deutscher Patrioten nach einem geeinten deutschen Nationalstaat blieben unerfüllt. Die Gleichgewichtsidee setzte dagegen die Existenz zweier staatlich getrennter deutscher Großmächte voraus und verlangte auch das Weiterbestehen einer Anzahl von deutschen Kleinstaaten, die sowohl von Preußen als auch von Österreich unabhängig waren.
- Die in Wien versammelten Diplomaten ließen die Forderungen der Nationalbewegungen in Europas Mitte völlig unbeachtet.

Unterrichtsschritt 5:
Napoleon – ein „Großer der Geschichte“?

Mit folgenden Aussagen leitet der Lehrer zur Schlußbetrachtung über:
- Der Wiener Kongreß wurde als Schlußpunkt eines Vierteljahrhunderts der Kriege und als Beginn einer Friedensepoche verstanden. Die alten Mächte, die europäische Aristokratie, waren wieder wie vor 1789 im Besitz der politischen Macht.
- Napoleon lebte als Gefangener, politisch ausgeschaltet, auf der weit abgelegenen britischen Insel St. Helena im Südatlantik. Als sein Tod im Sommer 1821 in Europa bekannt wurde, begann erneut eine leidenschaftlich geführte Diskussion über sein politisches Wirken.

Die Schüler werden nun zur Stellungnahme aufgefordert. Hierzu wird eines der Tafelbilder aus der 1. Stunde (s. Stundenblatt zur 1. Stunde) präsentiert – zur Zeitersparnis als Folie.

Fragen zur Eröffnung der Diskussion:
- Welches Urteil ist richtig bzw. eher angemessen?
- Welche Ereignisse können als „große Taten" Napoleons angesehen werden?
- Hat Napoleon die „Geschichte (seiner Zeit) gemacht"?

Der Verlauf dieser Diskussion ist – je nach Klasse – in Intensität und Ergebnis unterschiedlich. Zur Intensivierung kann erwogen werden, den Meinungsaustausch in der Form einer – vom Fernsehen her bekannten – „Pro-und-Kontra"-Diskussion zu organisieren.
Falls notwendig, sollte der Lehrer bei undifferenzierter Verherrlichung der Taten des „großen Mannes" mit folgenden Argumenten entgegenhalten:
- Die französische Intervention in Deutschland war bereits in vollem Gange, bevor Napoleon 1799 in einem Staatsstreich die Macht an sich riß;
- Säkularisation und Mediatisierung waren nur möglich, weil die deutschen Fürsten sie nachdrücklich antrebten;
- der Rheinbund war letztlich nur eine Institutionalisierung des vermehrten französischen Einflusses im „Dritten Deutschland";
- der Wirtschaftskrieg gegen England kann als Fortsetzung des weltweiten englisch-französischen Gegensatzes verstanden werden, der die Geschichte des 18. Jahrhunderts prägte (z. B. der Siebenjährige Krieg, das französische Eingreifen im amerikanischen Unabhängigkeitskrieg);
- die Reformer in Deutschland strebten gesellschaftliche und wirtschaftliche Strukturen an, wie sie in Frankreich seit 1789, weitgehend ohne Napoleons Zutun, entstanden waren.

Ergänzung:

Eine weitere Möglichkeit, korrigierend in die Diskussion einzugreifen, besteht darin, die Schüler mit einem Zitat zu konfrontieren:

> „Genauso wenig wie die Meteorologen, im Volksmund als Wettermacher bekannt, das Wetter machen, sondern nur Prognosen über Wetter, so macht die bedeutende Persönlichkeit nicht Geschichte, sondern läßt sie die Geschichte durch das besondere Medium ihrer Individualität besser erkennen."[64]

Fragen zur Weiterführung der Diskussion:
- Wie sieht der Geschichtswissenschaftler I. Geiss das Wirken Napoleons?
- Was spricht für, was gegen diese Sichtweise?

[64] I. Geiss, Die Rolle der Persönlichkeit in der Geschichte, in: M. Bosch, Persönlichkeit, S. 23

STUNDENBLÄTTER

Geschichte / Gemeinschaftskunde

für die Sekundarstufe I

Becker, Horst
Recht
Klettbuch 927781

Cramer, J. / Größl, W.-R. / Zollmann, G.
Parlamentarische Demokratie in der Bundesrepublik Deutschland
Klettbuch 927810

Eick, Hans-Joachim
Massenmedien
Klettbuch 927842

Greber, L. / Wurster, K.-H.
Die Französische Revolution
Klettbuch 927843

Hagen, Thomas
Die Entwicklung in Deutschland 1815-1850
Klettbuch 927761

Jösel, Martin
Alexander der Große / Die Diadochenreiche / Alexandria
Klettbuch 927771

Lidle, Wolfgang
Wirtschaft
Klettbuch 927798

Maier, Gerhart
Die Attische Demokratie
Klettbuch 927791

Maier, G. / Müller, H.-G.
Der Absolutismus
Klettbuch 927111

Meyer, H. / Winkler, A.
Das geteilte Deutschland 1945-1989
Klettbuch 927845

Müller, Hartmut
Der Nationalsozialismus: Die große Täuschung
Klettbuch 927531

Müller, Hartmut
Imperialismus und Erster Weltkrieg
Klettbuch 927799

Schmidt, Peter
Die Römer in Deutschland
Klettbuch 927841

Schröer, Karin
Familie
Klettbuch 927793

Schulreich, Heimo
Napoleon - Reformen in Deutschland, Wiener Kongreß
Klettbuch 927772

Steigerthal, Hans-Joachim
Reformation und Gegenreformation / Glaubenskriege
Klettbuch 927711

Waag, Gertrud
Arbeits- und Produktionsreformen - Von der Steinzeit zur Industrialisierung
Klettbuch 927751